ROBERT SCHUMANN

ALBUM FÜR DIE JUGEND
OPUS 68

FÜR KLAVIER

NACH DEN QUELLEN HERAUSGEGEBEN VON
HANS JOACHIM KÖHLER

C. F. PETERS

FRANKFURT/M. · LEIPZIG · LONDON · NEW YORK

INHALT · CONTENTS · TABLE

Album für die Jugend

Album for the Young – Album pour la jeunesse

Pag.

ALBUM FÜR DIE JUGEND

ALBUM FOR THE YOUNG — ALBUM POUR LA JEUNESSE

Melodie

Melody — Mélodie

Robert Schumann (1810-1856)
op. 68

Edition Peters Nr. 9500a

12771

Soldatenmarsch

Soldiers marching — Marche militaire

Trällerliedchen

Humming Tune – En fredonnant

Ein Choral

A Hymn-Tune – Choral

12771

Stückchen

A Little Piece — Petit morceau

Nicht schnell

12771

Armes Waisenkind

The Poor Orphan-Child — Pauvre orphelin

Jägerliedchen

The Little Hunter's Song — Chanson de chasse

Wilder Reiter

The Rough Rider   —   Cavalier farouche

Volksliedchen

Little Folk-Song — Chanson populaire

Fröhlicher Landmann
von der Arbeit zurückkehrend

The Merry Peasant   —   Le joyeux paysan
coming back from his work   retournant de son travail

Frisch und munter

Sizilianisch
Sicilienne — Sicilienne

*Vom Anfang ohne Wiederholungen
bis zum Schluß.*

Knecht Ruprecht
Santa Claus   –   Saint Nicolas

Mai, lieber Mai,
Bald bist du wieder da!

May, Lovely May,   Mai, joli Mai,
soon thou art here again! —   te voilà bientôt!

Nicht schnell

Kleine Studie

Short Study — Petite étude

Leise und sehr egal zu spielen

Edition Peters

12771

Frühlingsgesang

Song of Spring – Chanson de printemps

Innig zu spielen ♩.=56

Erster Verlust

First Grief — Premier chagrin

Kleiner Morgenwanderer

Little Morning-Wanderer   –   Petit promeneur du matin

Schnitterliedchen

The Little Reaper's Song — Chanson du moissonneur

Nicht sehr schnell

Kleine Romanze

A Little Romance — Petite romance

Ländliches Lied

Rustic Song   —   Air champêtre

★ ★ ★

Langsam und mit Ausdruck zu spielen ♩= 88

21

Im Tempo

Etwas langsamer . . . .

Rundgesang

Roundelay – Ronde

Mäßig. Sehr gebunden zu spielen ♩.= 72

22

12771

Reiterstück
The Horseman — Le cavalier

Kurz und bestimmt ♩.=100

Ernteliedchen

A Little Harvest-Song — Chanson de moisson

Mit fröhlichem Ausdruck

Nachklänge aus dem Theater

Reminiscences of the Theatre   —   Reminiscences du théâtre

Nicht schnell, hübsch vorzutragen

12771

Kanonisches Liedchen

A Little Song in Canon-Form — Chansonette en forme de canon

Nicht schnell und mit innigem Ausdruck

12771

Erinnerung
(4. November 1847)
Remembrance — Souvenir

Nicht schnell und sehr gesangvoll zu spielen

12771

Fremder Mann

A Stranger – L'inconnu

Stark und kräftig zu spielen ♩ = 144

29

12771

Kriegslied

Warrior's Song — Chant guerrier

Scheherazade

Sheherazade — Schéhérazade

Ziemlich langsam, leise

12771

„Weinlesezeit – Fröhliche Zeit"

Vintage-Time – Merry Time   –   Les vendanges – joyeux temps

Thema
Theme – Thème
Langsam. Mit inniger Empfindung ♪ = 84

Mignon

Lied italienischer Marinari

Italian Mariners' Song — Chant de mariniers italiens

Matrosenlied
Sailor's Song — Chant de matelot

12771

Winterszeit
Winter Time — En hiver
I

Ziemlich langsam

38

Winterszeit
Winter Time — En hiver
II

Langsam

39

12771

Nach und nach belebter

Kleine Fuge
A Little Fugue — Petite fugue

12771

Fuge

Lebhaft, doch nicht zu schnell

Nordisches Lied

(Gruß an G.)

Northern Song   —   Chanson nordique

Figurierter Choral

Figured Hymn-Tune   –   Choral figuré

42

12771

Silvesterlied

New Year's Eve   —   Le dernier jour de l'an

NACHWORT

zu den Ausgaben EP 9500 a und 9500 b

Album für die Jugend op. 68

Ungeachtet der außerordentlichen Bedeutung des Klavierspieles für das Musikleben des 19. Jahrhunderts war das Angebot der Komponisten dieser Epoche an leichter, für die Erfordernisse der Musikerziehung geeigneter Klavierliteratur insbesondere in qualitativer Hinsicht sehr begrenzt. Schumann setzte sich mit dieser Situation in vielfältiger Weise auseinander. Sein Kampf mit den Mitteln des eigenen kompositorischen Schaffens und des Wortes war unermüdlich gegen nur routiniert-virtuoses, poesiearmes Musizieren gerichtet; seine hohen Ansprüche dehnte Schumann bis auf die seinerzeit aktuelle Etüdenliteratur aus. Die früh geäußerte Absicht, eine Klavierschule zu schreiben, wurde allerdings nie im eigentlichen Wortsinn verwirklicht. Sie schlug sich aber immer wieder in seinem Interesse an der pädagogischen Literatur seiner Zeit nieder, das er in zahlreichen Artikeln seiner *Neuen Zeitschrift für Musik* über neue Etüdenwerke bekundete. Clara Schumann trug in ihr Tagebuch am 1. September 1848 ein: „*Die Stücke, die die Kinder gewöhnlich in den Klavierstunden lernen, sind so schlecht, daß Robert auf den Gedanken kam, ein Heft, eine Art Album lauter Kinderstücke, zu komponieren und herauszugeben.*" Wohl hat Schumann in dem *Album für die Jugend, 10 Bagatellen* op. 40 des von ihm geschätzten Ludwig Berger und in Mendelssohns *Sechs Klavierstücken* op. 72 (1847) anregende Modelle vorgefunden, indessen gewann sein op. 68 eine mit keinem der verwandten Werke anderer Komponisten vergleichbare Charakteristik und Verbreitung. Auch der geschichtliche Auslesevorgang hat das Jugendalbum nicht in seiner Bedeutung geschmälert, sondern vielmehr über seine zahlreichen Nachfolgewerke erhoben. Sein Wert liegt nicht allein in der didaktischen Darstellung motivischer, artikulatorischer oder technischer Elemente, sondern vielmehr in der Unterordnung des Lehrbaren unter das Erlebbare. Die musikalische Originalität und emotionale Substanz der Stücke haben bis heute nicht ihre unmittelbare Wirksamkeit verloren. So zählt Schumanns *Album für die Jugend*, zusammen mit Bachs *Inventionen und Sinfonien* und Béla Bartóks *Mikrokosmos*, zu den absoluten Spitzenwerken pädagogischer Klaviermusik. Diese drei Zyklen sind sowohl Spiegel der kompositorischen Praxis ihrer Zeit als auch Zeugnis der geistigen Weite ihrer Schöpfer, die groß genug war, sich auch in musikalischen Miniaturen vollgültig kristallisieren zu können.

Zu den Quellen. 1954 wurde die am 30. und 31. August 1848 entstandene Erstschrift Schumanns zu sechs Stücken des Jugendalbums entdeckt, die als Geschenk für seine Tochter Marie zum siebenten Geburtstag am 1. September gedacht waren. Die Handschrift, von Dagmar Weise unter dem Titel: *Ein bisher verschollenes Manuskript zu Schumanns „Album für die Jugend"* in der *Festschrift Joseph Schmidt-Görg*[1] detailliert beschrieben, enthält folgende Stücke:

1. *Schlafliedchen für Ludwig*, entspricht *Trällerliedchen*
2. *Soldatenmarsch*
3. *Ein Choral*
4. *Nach vollbrachter Schularbeit zu spielen*, entspricht *Stückchen*
5. *Ein Bärentanz*, ungedruckt, als Faksimile veröffentlicht in Festschrift Schmidt-Görg
6. *Liedchen eines armen Kindes*, entspricht *Armes Waisenkind*
7. *Jägerliedchen*
8. *Rebus*, ungedruckt, vgl. 5,

dazu Stücke von Bach, Händel, Mozart, Schubert und Beethoven.

Etwa gleichzeitig legte Schumann ein Skizzenbuch an, in das er in einer für den Betrachter verwirrenden Fülle und Anordnung Themen, vollständige Stücke auch anderer Komponisten, ungedruckt gebliebene Kompositionen, Titel und lehrhafte Hinweise eintrug[2]. Auf S. 1 gab er dem geplanten Werk den Titel *Weihnachtsalbum*, der aber auf Anraten des Verlegers in *40 Klavierstücke für die Jugend* abgeändert wurde. Nicht in das Album übernommen wurden *Gukkuk im Versteck, Lagune in Venedig, Haschemann* (nicht identisch mit op. 15, Nr. 3), *Kleiner Walzer*. Im Skizzenbuch nicht enthalten sind: *Jägerliedchen, Figurierter Choral, Schnitterliedchen, Weinlesezeit – Fröhliche Zeit* und das titellose Stück Nr. 30. Die 31 lehrhaften Aphorismen waren ursprünglich als Hinweise zu den einzelnen Stücken gedacht. Sie gingen später in den *Musikalischen Haus- und Lebensregeln* auf und erschienen erstmals im Anhang der zweiten Auflage von op. 68.

Im Anschluß an das Skizzenbuch entstand dann die im Robert-Schumann-Haus Zwickau befindliche und 1956 als Faksimile (Edition Peters, Leipzig) veröffentlichte Originalhandschrift, die aus Hinweisen Schumanns als Stichvorlage zu erkennen ist. Der Grad der Ausarbeitung scheint dementsprechend endgültig, doch weisen zahlreiche Streichungen, Änderungen und Korrekturen auf die noch immer lebhaften Auseinandersetzungen Schumanns mit dem Gegenstand hin, die selbst nach Erscheinen des Werkes im Druck nicht abgeschlossen sind. Der Herausgeber, Georg Eismann, vermerkt alle wichtigen Details in seinem Begleittext. Hier sei nur erwähnt, daß in mehreren Fällen die Handschrift Claras, im *Ländlichen Lied* und *Ernteliedchen* die Schrift von Schumanns Enkel Ferdinand nachgewiesen wurde. Das Autograph enthält einige unveröffentlichte Stücke (*Für ganz Kleine, Puppenschlafliedchen, Auf der Gondel*, das bereits aus dem Skizzenbuch bekannte *Gukkuk im Versteck*) sowie das *Trinklied* aus dem *Freischütz* von C. M. von Weber.

Nach einer Ablehnung durch Breitkopf & Härtel hatte sich Schumann an den Leipziger Verleger Julius Schuberth gewandt, „*weil Eile notwendig ist und weil ich glaube, wenn er will, setzt er etwas durch. Daß er übrigens kein schlechtes Geschäft damit macht, dafür möcht' ich einstehen; von allen meinen Kompositionen, glaube ich, werden diese die populärsten*"[3]. Für die Titelblattgestaltung gewann Schumann den zum Bekanntenkreis gehörenden Ludwig Richter, der den im musikalischen Zyklus angedeuteten Jahrkreis thematisch aufgriff und ebenso wie der Komponist in charakteristischen Miniaturen gestaltete.

Der Erstdruck ist im Robert-Schumann-Haus in drei Exemplaren aus dem Familienbesitz vertreten (Plattennummer 1232). Ein Vergleich zwischen Autograph und Erstdruck offenbart, daß Schumann spätestens bei Erhalt der Druckfahnen weitere Änderungen vorgenommen hat (vgl. Revisionsbericht). Darüberhinaus zeigt eines der Exemplare (Band 10 der Erstdrucke, Nr. 4501) neben spielpraktischen fremden Rotstifteintragungen auch Korrekturen des Meisters, die Druckfehlern und vor allem der Artikulation gelten. Dieses Exemplar wurde der vorliegenden Neuausgabe als Primärquelle zugrunde gelegt.

Der Erstdruck enthält keine Numerierung der Stücke. Daher bleibt ungeklärt, ob Steglichs Auffassung richtig ist, daß die zweite Auflage von 1851 mit dem Titel *Album für die Jugend, 43 Klavierstücke* „die zweiteilige ‚Winterzeit' als zwei Stücke" zählt „*und die beiden von Schumann nicht als eigene Kompositionen gezählten Choralsätze*" einrechnet[4], oder ob die titelfreien Stücke (drei Sternchen) ursprünglich außerhalb der Zählung blieben. Clara Schumann hat, wie aus ihrer 1887 veröffentlichten Ausgabe von op. 68 ersichtlich ist, dieses Exemplar gekannt. Allerdings übersah sie einige Bleistifteintragungen. Gegebenenfalls glich sie die Artikulation bei Analogiestellen an. Der vielfach verbreitete Vorwurf, daß Clara Schumanns Ausgabe an Originaltreue Wesentliches vermissen ließe, ist jedoch nur in engen Grenzen berechtigt. Hatten Brahms und Clara Schumann bereits vor Erscheinen ihrer großen Ausgabe Anlaß, die Zuverlässigkeit mancher Herausgeber zu kritisieren[5], so mehren sich die unbedenklichen Zusätze in späteren Ausgaben außerordentlich.

Kinderszenen op. 15

Das Jugendalbum gehört einer späteren Schaffensperiode Schumanns an. Im Brief vom 6. Oktober 1848 an C. Reinecke[3] bekannte er zu diesen Stücken: „*Es war mir, als finge ich noch einmal von vorn an zu komponieren. Und auch vom alten Humor werden Sie hier und da spüren. Von den ‚Kinderszenen' unterscheiden sie sich durchaus. Diese sind Rückspiegelungen eines Älteren und für Ältere, während das Weihnachtsalbum mehr Vorspiegelungen, Ahnungen, zukünftige Zustände für Jüngere enthält.*"
Spricht aus dem Jugendalbum die Besonnenheit des reifen Menschen, so lebt sich die Fantasie des noch jungen Robert Schumann in den *Kinderszenen* völlig frei aus. Das Wesen des Improvisatorischen, aber auch die Fähigkeit des unverfälschten Nachvollziehens des kindlichen Erlebens, dem er „*eine wunderbare Tiefe*" zuspricht, prägt das unnachahmliche Antlitz dieser Stücke.
Über die während Claras Wienreise Anfang 1838 entstandenen *Kinderszenen* schrieb Schumann in einem Brief (März 1838) an seine Braut: „*Und daß ich es nicht vergesse, was ich noch komponiert – War es wie ein Nachklang zu Deinen Worten, wo Du mir einmal schriebst, ‚ich käme Dir auch manchmal wie ein Kind vor', – kurz es war mir ordentlich wie im Flügelkleide und hab' da an die dreißig putzige Dinger geschrieben, von denen ich etwa zwölf ausgelesen und Kinderscenen genannt habe. Du wirst Dich daran erfreuen, mußt Dich aber freilich als Virtuosin vergessen...*"[6].

Zu den Quellen. Das Werk erschien 1839 bei Breitkopf & Härtel. Seine Entstehung läßt sich ähnlich op. 68 an den Frühdrucken verfolgen. Allerdings sind außer einer Abschrift des Stückes Nr. 1 (Robert-Schumann-Haus Zwickau, Nr. 3702) keine umfassenden Skizzen erhalten, so auch kein geschlossenes Autograph. Die Erstdrucke (Deutsche Staatsbibliothek Berlin, Mus. 18227, und Robert-Schumann-Haus Zwickau, Bd. 3, Nr. 4501–A4–D mit handschriftlichem Titel des Komponisten) besitzen die gleiche Plattennummer (6016), die blaue Bordüre und einheitliches Format. Dennoch bestehen deutliche Unterschiede, die das Berliner Exemplar als das ältere ausweisen. Es besitzt keine Metronomzahlen (s. u.) und nur vereinzelte Pedalangaben (siehe Revisionsbericht). Offensichtliche Druckfehler sind im Zwickauer Exemplar bereits im Stich korrigiert. Eine entscheidende Präzisierung erfuhr op. 15 in der wahrscheinlich im gleichen Jahr noch erschienenen Ausgabe mit der grazileren grünen Bordüre. Trotz des veränderten Stiches behielt diese Ausgabe die gleiche Plattennummer. Sie löste offenbar die vorher-

gehende ab, die während Schumanns Wien-Aufenthalt, also ohne seine unmittelbare Einflußnahme (Korrekturfahnen!) veröffentlicht worden ist. Dennoch bestehen auch zwischen dem Berliner Exemplar (Ks 415) und dem entsprechenden aus Zwickau (1356 Di) markante Unterschiede. Die Grünumrandung des letzteren Druckes ist noch zurückhaltender, das Format bei gleichem Stich, der allerdings Abnutzungserscheinungen der Platten zeigt, kleiner, das Papier von geringerer Qualität. Als Quelle für die Neuausgabe dient das Berliner Exemplar des revidierten Druckes. Die geringen Abweichungen der Clara-Schumann-Ausgabe (1880, RS 53) charakterisiert der Revisionsbericht. Allerdings hält sich Clara an Brahms' Hinweis, „*daß die Pedal- und Metronombezeichnung in den Kinderszenen zu bleiben hat*"[7].

Variation und Motivwandlung

Durch Schumann ist – nach Beethoven – das Prinzip der Variation zum Träger eines neuen Ausdruckswollens wieder aufgewertet worden[8] und zwar als die für sein Schaffen charakteristische gedankliche und thematisch-motivische Verwandlung. Sie tritt in verschiedensten Formen und auf unterschiedlichen Ebenen in Erscheinung, in der zyklischen Anordnung vieler Werke, so auch des Jugendalbums, ebenso wie in der Binnenstruktur seiner Kompositionen. So werden z. B. im *Kriegslied* (Nr. 31) wenige rhythmische und melodisch-harmonische Grundmotive mit signalrufartiger Sinngebung fortlaufend verwandelt, so daß in dem 55 Takte langen Stück, das auf ein Gegensatzmotiv verzichtet, keine Zweitaktgruppe einer anderen wörtlich entspricht.
Unterschiede der Bogenführung und Balkung bei sonst identischen Partien dürften nicht zuletzt auf diesem Schumannschen variativen Prinzip beruhen. Sie treten in zahlreichen Stücken auf und sind zumeist im Hinblick auf die Gestaltung erklärbar (vgl. z. B. Nr. 10, 11, 21, 22, 24, 34, 35, 37). Eine Angleichung der Artikulationsbögen darf in einer Neuausgabe daher nur mit größter Vorsicht vorgenommen werden.

Klaviertechnik und Artikulation

Schumanns Stil entfaltet sich in intensivem Kontakt mit dem Klavier, mit dessen besonderen Eigenschaften in der spieltechnischen Behandlung und seiner Klangqualität. Die Neuerungen des Klavierbaus, zu denen Liszts expansives Spiel hindrängt, erlebte Schumann nicht mehr. Für ihn besitzen die leichte Spielweise der damals häufig noch gebräuchlichen Wiener Instrumente oder, verglichen mit unserem heutigen Flügel, auch des sich durchsetzenden Flügels mit englischer Mechanik, der durchsichtige, zuweilen fast atmosphärische Klang, die noch völlig unausgeschöpften Pedalisierungsmöglichkeiten einen Reiz, der ihn anregte, diese Elemente zu einem völlig neuen Klavierstil zu binden. Auf der Basis der älteren Technik, wie sie etwa noch von Hummel vertreten wurde[9], weitet er, möglicherweise unter dem Einfluß Friedrich Wiecks[10], den Bereich der Handgelenktechnik stark aus. Letzteres geschieht im Sinne einer sich anpassenden Bewegung der Hand an eine Tongruppe, die er im allgemeinen mit Bogen versieht und so gleichermaßen als eine musikalische und spielpraktische Einheit kennzeichnet. Das Studium des Schumannschen Vorwortes und seiner Fingersätze zu den *Paganini-Studien* op. 3 ist in diesem Sinne außerordentlich aufschlußreich. Hierin darf übrigens der einzige unmittelbare Hinweis Schumanns auf seine Spieltechnik gesehen werden. Indirekte Belege erbringt sein Klaviersatz allgemein. Op. 3 widmet sich der schwierigen Aufgabe der Erarbeitung einer Fingertechnik, die bei polymelodischer Führung mehrerer Stimmen in einer Hand jeder ihr „besonderes Kolorit" zu verleihen vermag. Ablesbar ist aber die Grundtendenz, am Anfang eines Bogens einen leichten Akzent zu spielen, der mit dem Fall der Hand verbunden ist; am Ende des Bogens erfolgt das Abheben der Hand, das gleichzeitig einen neuen Handgelenkschwung vorbereitet. Die innerhalb des Bogens zu spielenden Noten entsprechen einem von „Schwung und Weichheit" getragenen Anschlag, also einem Fingerlegato, das in organischem Zusammenhang mit der übergeordneten gleitenden Handgelenkbewegung steht, die Schumann mit „Fluß und Leichtigkeit des Ganzen" wohl meinen dürfte. Intensiven Fingerschwung setzt er voraus bei nicht mit Bögen versehenen Passagen (z. B. im Mittelteil von Nr. 39, bzw. Stücken, die eine gleichbleibende Figuration enthalten). Diese Partien treten relativ selten in Schumanns Musik auf, die sich durch feingliedrige und vielfältige Artikulation auszeichnet. Beachtenswert erscheint deshalb der unvorbereitete Wegfall des Bogens und der damit verbundene Einsatz des aktiven Fingerspiels z. B. in Nr. 35 (T. 12, 19, 20, 25, 28/29). Ähnliche Erscheinungsbilder begegnen in Nr. 15, 21, 25, 27, 28, 29, 30, 32, 33, 35, 38, 39 Mittelteil, 40, 42; in den Kinderszenen z. B. in Nr. 10. Ein bewußteres Ausspielen der isoliert innervierten Finger bewirkt psychologisch eine Form der inneren Retardation ohne Tempoverlust. Jedoch bezeichnen in der Mehrzahl der Stücke die Bögen die wesentlichen Konturen, denen gegenüber nicht artikulierte Stimmen zurücktreten.

Die vorliegende Ausgabe übernimmt konsequent die Schumannsche Artikulation, da sie Sinnträger ist. Ähnliches gilt von der Balkung, die gleichermaßen Sinngruppen angibt und sie visuell verdeutlicht. Balken haben aber nicht in gleichem Maße Bedeutsamkeit für die Ausführung wie die Bögen. Letztere verstehen sich im allgemeinen als Artikulationsbögen. Die dem späten 19. Jahrhundert geläufigen, große Räume überbrückenden Phrasierungsbögen treten bei Schumann noch selten auf. Halte- und Artikulationsbögen sind nebengeordnet, schließen also aneinander an, so daß beim Lesen des Textes das sich fortlaufend wandelnde motivische Geschehen im Sinne einer Reihung auffaßbar wird.

Fingersatzbezeichnungen Schumanns sind nur ganz vereinzelt vorhanden. Der Herausgeber war bemüht, die Kongruenz zwischen Fingersätzen und Artikulationsbögen zu gewährleisten.

Pedal und Metronom

Während Pädagogen der alten Schule damals dem offensichtlich ziemlich regellosen Gebrauch des Pedals Grenzen setzen möchten, übergreift Schumann bereits deren Regeln durch neuartige Gestaltungsweisen mit Hilfe des Pedals. Der relativ große Nachhall des Instrumentes im Forte (die bei Schumann häufig noch vor dem Harmoniewechsel plazierten Pedalaufhebungszeichen dokumentieren dies), aber auch der durchsichtige Klang des alten Flügels im Piano, gaben der individuellen Pedalisierung breiten Raum. Im Erstdruck von op. 15 erscheinen noch keine Pedaleinzeichnungen (außer innerhalb der Stücke 5, 7, 10, 12); die Titelauflage beschränkt sich darauf, lediglich am Anfang der Stücke einen einzigen Pedalhinweis zu geben (außer Nr. 5, 7, 10, 12). In einem Brief an A. Henselt vom 21. September 1837 macht Schumann eine aufschlußreiche Bemerkung: „... auch ich setze zu Anfang meiner Compositionen nichts als ‚Pedal', es müßten denn einmal ganz neue Wirkungen anzubringen sein, wo der Druck auf die Sekunde fallen muß."[11] Zum 3. Capricensatz von op. 3 spricht Schumann von „weiser Benutzung des Pedals, das dem denkenden Spieler überlassen bleibt".

In op. 68, dem neun Jahre später erscheinenden Werk, sind die Pedalangaben differenzierter und gleichzeitig charakteristischer. Zwar wird bei einem Großteil der Stücke grundsätzlich auf das Pedal verzichtet, dafür ist es in Nr. 7, 13, 14, 20, 22, 23, 26, 28, 29, 31, 33, 35, 38 und 42 bewußt eingesetzt. Die Neuausgabe übernimmt die Schumannschen Angaben, Pedalaufhebungszeichen werden gegebenenfalls bis zum Harmoniewechsel versetzt. Einzelne Ergänzungen finden im Revisionsbericht Erwähnung. Das Wort vom „denkenden Spieler" möchte aber bei der Anpassung an das jeweilige Instrument ebenso gegenwärtig sein wie die Vorstellung eines durchlichteten, farbigen Klanges.

Aus den bisher veröffentlichten Quellen ist über Schumanns Umgang mit dem Metronom keine exakte Aufklärung zu erhalten. Interessant ist, daß Johannes Brahms in einem Brief an Clara Schumann im April 1879, in der Zeit der Vorbereitung der Neuausgabe bei Breitkopf & Härtel, schreibt: „Notiere doch auch Härtels, daß die Pedal- und Metronombezeichnung in den Kinderszenen zu bleiben hat. Aus dem mitgeschickten Band sehe ich nämlich, daß Schumann solche Exemplare gehabt und einbinden hat lassen."[7] Dementsprechend finden sich im Erstdruck (Deutsche Staatsbibliothek Berlin, Mus. 18227) keine Metronomangaben. Vom Erstbesitzer dieses Bandes stammen Eintragungen zum Erscheinungsdatum (März 1839), Quellenangaben zu Rezensionen, Kritiken etc. und vor allem die bemerkenswerte Notiz auf der ersten Notendruckseite: „Die Metronomisierung der Kinderszenen ist nicht nur nicht von Schumann, sondern überhaupt ohne sein Mitwissen, ohne seine Zuziehung gemacht, und einem späteren Abzuge (Abdrucke) des Werkes, aus welchem ich mir diese kopiert habe, beigegeben worden. Ich erfahre dies vom Musikalienhändler Friedrich Whistling aus Leipzig, der es eben von Schumann selbst, den er besucht hat, erfahren." Dennoch bleibt es Tatsache, daß der oben behandelte spätere Druck wichtige musikalische Verbesserungen erfährt, so daß die darin zu findenden Metronomangaben immerhin Schumanns stillschweigende Zustimmung gefunden haben müssen, sofern sie nicht doch, entgegen der überlieferten Meinung Whistlings, auf Bitten des Herausgebers von Schumann selbst fixiert worden sind. Die im allgemeinen uns zu schnell erscheinenden Tempi wirken nicht so befremdlich, wenn die Stücke auf einem historischen Instrument gespielt werden, und sie können bei der oben skizzierten Spielweise auch auf dem modernen Flügel als Richtwert konzertmäßigen Vortrags gelten. Die Neuausgabe übernimmt die MM-Angaben der revidierten Ausgabe von op. 15. Im Jugendalbum erscheinen die vereinzelten MM-Angaben sicherer getroffen und weniger anfechtbar.

Grundsätzliche Bemerkungen

Die Neuausgabe geht von der Voraussetzung aus, daß ein bewußtes und schöpferisches Einleben in Schumanns Klavierwerk nur auf der Basis des originalen Textes möglich ist. Schumanns klares und überschaubares Schriftbild fördert den Vorgang der künstlerischen Auseinandersetzung. Daher wurde auf Zusätze des Herausgebers grundsätzlich verzichtet; erschienen sie in Einzelfällen unumgänglich, dann wurden sie durch Klammern gekennzeichnet. Ergänzte Bögen wurden gestrichelt. Bögen und Balken sind wörtlich übernommen worden, dagegen wurden dynamische Zeichen in die Mitte gesetzt, auch wenn sie in der Primärquelle in beiden Systemen zugleich auftreten. Als Ausnahme gilt, wenn die Stimmenbehandlung durch dynamische Zeichen in bzw. über den Systemen präzisiert wird. Die Handverteilung wurde beibehalten, ein Austausch zwischen Schlüsseln und Systemen dagegen gelegentlich vorgenommen. Keilstriche, die z. B. bereits von Clara Schumann vermieden werden, bleiben erhalten als Zeichen für eine über das Staccato hinausgehende spitze und markante Spielweise.

An dieser Stelle möchte der Herausgeber die Gelegenheit wahrnehmen, um denen zu danken, die durch Hinweise, Informationen und durch Bereitstellung von Quellenmaterial dieser Arbeit ihre Unterstützung zukommen ließen, Herrn Dr. Martin Schoppe, dem Leiter des Robert-Schumann-Hauses Zwickau und seinen Mitarbeitern, dem Direktor der Musikabteilung der Deutschen Staatsbibliothek, Berlin, Herrn Dr. Karl-Heinz Köhler und nicht zuletzt den Mitarbeitern der Musikbibliothek Leipzig. Besonderer Dank kommt Herrn Dr. Peter Hauschild vom Verlag Edition Peters Leipzig zu, der durch aktive Unterstützung und reiche Erfahrung die Realisierung des Vorhabens wesentlich förderte.

Leipzig, 1973   *Hans Joachim Köhler*

Anmerkungen

[1] *Festschrift Joseph Schmidt-Görg zum 60. Geburtstag,* herausgegeben von Dagmar Weise, Beethovenhaus Bonn 1957.
[2] Faksimiledruck des Skizzenbuchs zum *Album für die Jugend,* herausgegeben von Lothar Windsperger, Schott Mainz 1924.
[3] Brief an C. Reinecke vom 6. Oktober 1848, in Gustav Jansen, *Robert Schumanns Briefe,* Leipzig 1904, 2. Auflage, S. 290–291.
[4] Rudolf Steglich, *Zwei Titelzeichnungen zu Robert Schumanns Jugendalbum als Interpretationsdokumente,* in: Deutsches Jahrbuch der Musikwissenschaft für 1959, Leipzig 1960.
[5] Berthold Litzmann, *Clara Schumann – Johannes Brahms, Briefe,* Leipzig 1927, Bd. II, S. 139 und 202.
[6] *Jugendbriefe von Robert Schumann,* herausgegeben von Clara Schumann, 4. Aufl., Leipzig 1910, S. 276.
[7] Litzmann, a. a. O., Bd. II, S. 169.
[8] Vgl. Werner Schwarz, *Robert Schumann und die Variation, unter besonderer Berücksichtigung der Klavierwerke,* Kassel, S. 72.
[9] Vgl. Johann Nepomuk Hummel, *Ausführliche theoretisch-praktische Anweisung zum Pianoforte-Spiel,* Haslinger 1828.
[10] Vgl. die 1853 erschienene Niederlegung der Unterrichtsgrundsätze von Friedrich Wieck in seinem Werk *Klavier und Gesang,* Leipzig.
[11] Jansen, a. a. O., S. 100.

CONCLUDING REMARKS

Album for the Young, op. 68

Despite the extreme importance of piano playing for 19th-century musical life, the contribution of easy pieces by composers of this period, especially of those designed for the demands of musical education, was very limited as regards quality. Schumann came to grips with this situation in a number of ways. His struggle with the resources of his own creative works as a composer and writer was tirelessly directed against a purely routine, virtuosic and unpoetic style of music-making; he extended the highest claims as far as the current literature of musical etudes. His early-expressed intention of writing a Piano School was certainly never carried out in the true meaning of the words, but it cropped up repeatedly in the interest he showed in the educational literature of his time, which he recorded in numerous articles upon new books of studies in his *Neue Zeitschrift für Musik.* Clara Schumann noted in her diary on 1 September 1848: *"The pieces which children usually have to learn are so bad that Robert conceived the idea of composing and publishing a kind of album of pieces simply for children."* In fact, in the *Album for the Young, 10 Bagatelles,* op. 40, by his admired Ludwig Berger, and in Mendelssohn's *Six Piano Pieces,* op. 72 (1847), Schumann had found stimulating models, and indeed, his own *Album for the Young* op. 68 acquired a characterization and a dissemination such as could not be compared with similar works by other composers. Even in the selective process of time, the importance of the *Album for the Young* has not lessened, but rather, has been exalted above numerous subsequent works. Its value does not consist only in the educational presentation of motivic, articulatory or technical elements, but far more in the subordinating of what has to be learned to what has to be experienced. The musical originality and the emotional substance of the pieces have not lost their immediate value even today. And thus Schumann's *Album for the Young* can be counted with Bach's *Inventions and Symphonies* and Béla Bartók's *Mikrokosmos* as the veritable pinnacles of educational music. These three sets of pieces are as much a mirror of the compositional practice of their respective periods as they are witnesses of their creators' spiritual range, which was sufficiently great to be conclusively crystallized in musical miniatures.

On the sources. In 1954 the discovery was made of Schumann's first sketch of six pieces for the *Album for the Young* dating from 30 and 31 August 1848, which the composer had planned as a present for his daughter Marie on her seventh birthday, 1 September. The manuscript, described in detail by Dagmar Weise under the title *Ein bisher verschollenes Manuskript zu Schumanns "Album für die Jugend"* in the *Festschrift für Joseph Schmidt-Görg*[1], contains the following pieces:

1. *Schlafliedchen für Ludwig (Lullaby for Ludwig),* otherwise *Trällerliedchen (Humming Song)*
2. *Soldatenmarsch (Soldier's March)*
3. *Ein Choral (A Hymn)*
4. *Nach vollendeter Schularbeit zu spielen (For playing after schoolwork is finished),* otherwise *Stückchen (A Little Piece)*
5. *Ein Bärentanz (A Bear Dance),* unpublished, but reproduced in facsimile in the *Schmidt-Görg Festschrift*
6. *Liedchen eines armen Kindes (A Poor Child s Song),* otherwise *Armes Waisenkind (The Poor Orphan Child)*
7. *Jägerliedchen (A Little Hunting Song)*
8. *Rebus,* unpublished, cf No. 5

In addition, pieces by Bach, Handel, Mozart, Schubert and Beethoven.

At about the same time, Schumann began a sketchbook into which he entered a bewilderingly large number of themes, complete pieces – also by other composers – compositions which have remained unpublished, titles, and references to teaching[2].

On page 1 he gives the projected work the title *Weihnachtsalbum (Christmas Album),* which, on the advice of the publisher, was changed to *40 Klavierstücke für die Jugend (40 Piano Pieces for the Young).* Not included in the Album were *Gukkuk im Versteck (Cockoo in Hiding), Lagune in Venedig (Lagoon in Venice), Haschemann (Catch me if you can,* not the same as op. 15, Nr. 3) and *Kleiner Walzer (Little Waltz).* The sketchbook does not contain *Jägerliedchen (The Little Hunter's Song), Figurierter Choral (Figured Hymn-Tune), Schnitterliedchen (The Little Reaper's Song), Weinlesezeit – Fröhliche Zeit (Vintage Time – Merry Time)* and the piece without a title, No. 30. The thirty-one instructive aphorisms were originally intended as referring to the individual pieces. They went later into the *Musikalische Haus- und Lebensregeln (Musical Rules for House and Life)*, and first appeared in the supplement to the second edition of op. 68.

After the sketchbook originated the autograph now to be found in the Robert Schumann House at Zwickau, and published in facsimile in 1956 (Edition Peters, Leipzig), which is recognized as the authoritative edition by reason of Schumann's indications. The state of the composition seems conformably definite, although numerous erasures, alterations and corrections point to the fact that the composer was continuously active in the matter, and that even after he work was published, there were still points to be settled. The editor Georg Eismann makes a note of all the important details in his accompanying text. Here, it needs only to be mentioned that in many cases Clara's handwriting, and in *Ländliches Lied (Rustic Song)* and *Schnitterliedchen (The Little Reaper's Song)*, that of Schumann's grandson Ferdinand, are indicated. The autograph contains a few unpublished pieces: *Für ganz Kleine (For the very young)*, *Puppenschlafliedchen (Lullaby for the Doll)*, *Auf der Gondel (In the Gondola)*, *Gukkuk im Versteck (Cockoo in Hiding)*, the last-named already known from the sketchbook, as well as the *Drinking Song* from C. M. von Weber's *Freischütz*.

After rejection by Breitkopf & Härtel, Schumann turned to the Leipzig publisher Julius Schuberth, *"because it is urgent and because I believe that if he is willing he can carry it through. Besides, I can vouch for his not making a loss on it: I think that of all my compositions, this will be the most popular"*[3]. For the production of the title-page Schumann secured one of his circle of friends, Ludwig Richter, who seized upon the idea of the annual cycle of the seasons hinted at in the musical cycle, and like the composer, depicted it in characteristic miniatures.

The first edition is represented in the Robert Schumann House in three copies from the family property (PL. No. 1232). A comparison between the autograph and the first edition shows that even as late as on receiving the proofs, Schumann undertook further alterations (see Critical Commentary). One of the copies (Vol. 10 of the first edition, No. 4501), in addition to interpolated entries in red pencil serving practical purposes, also shows the composer's corrections which are concerned with misprints and, above all, with articulation. This copy, as the primary source, forms the basis of the present new edition.

The first edition does not include any numbering of the pieces. Thus it has not been explained whether Steglich's interpretation is correct that in the second edition of 1851 entitled *Album for the Young, 43 Piano Pieces*, the bi-partite *Winter Time* is counted as two pieces, and that the two chorale movements are reckoned as not being Schumann's own compositions[4]; or, whether the untitled pieces (marked with three asterisks) were originally excluded from the numbering. Clara Schumann was acquainted with this copy, as can be seen from her edition of op. 68 published in 1887. Admittedly, she overlooks some of the pencilled entries; possibly she assimilated the articulation to analogous pieces. The reproach so often levelled that Clara Schumann's edition of the *Album for the Young* is lacking in faithfulness to essential material in the original is, however, justified only to a limited extent. Even before the appearance of their own great edition, Brahms and Clara Schumann may have had occasion to doubt the trustworthiness of many a contemporary editor[5], but unscrupulous additions to editions of later date have multiplied to an unprecedented degree.

Scenes of Childhood op. 15

The *Album* belongs to a later period of Schumann's creative productivity. In a letter of 6 October to Carl Reinecke[3] about these pieces, he admits that *"It was as if I had begun to compose all over again, and you will even be able to catch sight of my former humour here and there. In this way, the pieces differ from the 'Scenes of Childhood'. The last-named are reminiscences of an older person and are for the elderly, whereas the 'Christmas Album' contains, by preference, illusions, forebodings and coming happenings for the youthful"*.

If the thoughtfulness of a mature human being is instinct in the *Album*, the imagination of the then still youthful Schumann comes fully and freely to life in the *Scenes of Childhood*. The essence of the improvisatory, but also the capacity for genuinely imitating the experiences of childhood, to which he accords a *"magic depth"*, are imprinted upon the inimitable countenance of these pieces.

On the subject of the *Scenes of Childhood*, which came into being while Clara was on tour in Vienna early in 1838, Schumann wrote in a letter (March 1838) to his betrothed, *"And so that I don't forget what I have just composed – It was like an echo of the words you once wrote to me: 'that I often seemed to you even to be like a child'; – in short, it was exactly as if I were in the heyday of my youth again, and I composed about thirty quaint little things from which I have selected twelve and called them 'Scenes of Childhood'. You will enjoy them, but you must certanly forget you are a virtuoso . . ."*[6].

On the sources. The work appeared in 1839, published by Breitkopf & Härtel. Like op. 68, its origin can be traced in the early editions. Admittedly, apart from a copy of the piece No. 1 (Robert-Schumann-Haus Zwickau, No. 3702), no comprehensive sketches have been preserved, and there is consequently no authoritative autograph. The first edition (Deutsche Staatsbibliothek Berlin, Mus. 18227, and Robert-Schumann-Haus, Zwickau, Vol. 3, No. 4501–A4–D with the title in the composer's handwriting) are supplied with the same plate-number (6016), the blue border and uniform size. And yet there are obvious differences which prove the Berlin copy to be the older of the two. It has no metronome markings (see below), and only occasional pedal indications (see Revisionsbericht). Obvious misprints were already corrected on the plates of the Zwickau copy. Op. 15 experiences an exact definition in the edition with a slender green border which probably came out the same year. Despite the altered plate, this edition retains the same plate number. It evidently superseded the preceding edition which was published during Schumann's sojourn in Vienna, and thus without his immediate participation (galley-proofs!). Nevertheless, there are striking differences between the Berlin copy (Ks 415) and the corresponding Zwickau copy (1356 Di). The green edge of the latter is even more unobtrusive, the format with the same plate, which admittedly shows signs of wear and tear, is smaller and the paper of inferior quality. The Berlin copy of the revised publication serves as the source for the present new edition. The few deviations from the Clara Schumann Edition (1880, RS 53) are described in the Critical Commentary. Clara certainly adhered to Brahms's insistence *"that the pedal and metronome indications in the 'Scenes of Childhood' must remain"*[7].

Variation and motivic transformation

After Beethoven, it was through Schumann that the principle of Variation was reassessed as the vehicle of a new means of expression[8]; and what is more, as the pervading intellectual and thematic-motivic transforming power of his creative production. It emerges in diverse forms and at different levels in the cyclical cohesion of many works including the *Album for the Young,* just as it does in the internal structure of his compositions. Thus, for instance, in *War Song* (No. 31), a few basic rhythmic and melodic-harmonic motifs symbolizing bugle-calls are continuously variegated so that in the 55 bars of this long piece, which lacks a contrasting motif, not one single two-bar group corresponds literally with another. Differences in the phrasing and in the joining of the note-stems in otherwise identical spans do not finally depend upon this variation-principle of Schumann's. They appear in numerous pieces and are mostly explicable as formative (cf for instance, Nos. 10, 11, 21, 22, 24, 34, 35 and 37). Hence an assimilation of the articulation-slurs in a new edition could be undertaken only with the greatest care.

Piano technique and articulation

Schumann's style developed in intensive contact with the piano; with its special attributes in the treatment of performing technique and with the quality of its timbre. The innovations in piano-making which were hasened by Liszt's expansive playing were no longer experienced by Schumann. For him, the touch of the Viennese grand piano then still generally in use – easy in comparison with our pianos today – or even the prevailing grand piano with English mechanism which possessed the translucent, sometimes almost atmospheric tone and the still inexhaustible possibilities of pedalling, held a charm that inspired him to combine these elements into an entirely new pianistic style. On the basis of the earlier technique still represented more or less by Hummel[9], he greatly enlarged the sphere of wrist-technique, possibly under the influence of Friedrich Wieck[10]. The last-named technique was effected in the sense of an appropriate movement of the hand in a group of notes which he generally supplied with a slur, and thus distinguished as a musical and practically playable entity. A study of Schumann's preface to the *Paganini Studies* op. 3 and his fingering for them is extraordinarily instructive in this respect. In addition, it can be regarded as the only direct reference of Schumann's to his own performing technique. Indirect evidence is adduced by his piano texture in general. Op. 3 is devoted to the difficult task of working out a finger-technique which can lend its *"particular colouring"* to the playing of each of several simultaneous melodic strands in one hand. But it can be inferred that the basic tendency is to make a slight accent at the beginning of a slur which is combined with the fall of the hand; at the end of the slur, the raising of the hand takes place and at the same time prepares a new wrist-movement. The notes to be played within the slur are commensurate with a touch which is determined by *"verve and gentleness"*: that is, by a finger-legato connecting organically with the gliding wrist-movement and controlling it – which Schumann must have intended by the *"fluidity and nimbleness"* of the whole. He implies intensive finger agility in passages which are not provided with slurs (e. g. in the middle section of No. 39 or in pieces which include unvarying figuration). These passages occur comparatively seldom in Schumann's music, which is characterized by finely-limbed and abundant articulation. Worthy of note therefore, are the unprepared omission of the slur and the employment of active fingerwork connected therewith: e. g. in No. 35 (bars 12, 19, 20, 25, 28/29). Similar figurations are found in Nos. 15, 21, 25, 27, 28, 29, 30, 32, 33, 35, 38, 39 (middle section), 40 and 42, and in *Scenes of Childhood*; for instance, in No. 10 *(Almost too serious)*. A more conspicuous accenting of the isolated part played by the fourth finger in this piece produces the psychological effect of a kind of inward retarding without loss of speed. In the most pieces, however, the slurs mark the essential contours, on the other hand not articulated parts are receding.

The present edition takes over Schumann's articulation consistently, since it conveys the meaning of the music. The same applies to the joining of the stems of the notes, which in like measure suggests the grouping of ideas and makes them visually clear. The joining of the stems has no such great significance for the performance as have the slurs. The last-named must be understood in general as articulation slurs. The phrasing slurs extending over a wide span, which were current during the late 19th century, seldom occur in Schumann's music. Ties and articulation slurs are co-ordinated, thus connecting with one another so that in reading the text the continually changing play of motifs can be understood in the sense of a series.

Indications of fingering by Schumann occur only here and there. The editor has been at pains to guarantee that fingering and articulation slurs should be in agreement.

Pedal and metronome

While teachers of the old school would think fit to limit the apparently fairly irregular use of the pedal at that time, Schumann had already altered their rules by original ways of moulding with the help of the pedal. The comparatively powerful resonance of the instrument in a forte (which in Schumann is frequently documented by the placing of the sign for pedal-release before a change of harmony), but also the transparent tone of the old grand piano in a piano, gave individual pedalling plenty of scope. In the first edition of op. 15 there were as yet no pedal indications (except in pieces Nos. 5, 7, 10, and 12). The title edition gives only a singular pedal indication at the begin of the pieces (except in Nos. 5, 7, 10, 12). In a letter of 21 September 1937 to A. Henselt, Schumann makes an illuminating comment: *"at the beginnings of my compositions I, too, put nothing but 'Pedal', so it must sometimes produce quite new effects when the accent has to fall on the second beat"*.[11] Of the third capriccio piece of op. 3, Schumann mentions *"the wide use of the pedal which is left to the thoughtful player"*. In op. 68, the work which appeared nine years later, the pedalling indications are more differentiated and at the same time, more characteristic. Certainly, in the majority of the pieces the pedal is basically dispensed with, and for this reason its insertion is a conscious element of moulding in Nos. 7, 13, 14, 20, 22, 23, 26, 29, 31, 33, 35, 38 and 42. The present edition adopts Schumann's indications; when occasion arises, signs for releasing the pedal are placed against changes of harmony. A few completions are mentioned in the Revisionsbericht. The description of the *"thoughtful player"* may, however, be as relevant to adjusting to the instrument of today as the conception of a translucent, colourful tone.

From sources so far published, no exact elucidation of Schumann's dealings with the metronome has come to light. It is interesting that Johannes Brahms writes in a letter of April 1879[8] to Clara Schumann at the time of the preparation of Breitkopf & Härtel's new edition: *"But notify Härtel that the pedal and metronome indications in the 'Scenes of Childhood' must remain. From the enclosed volume I can see that Schumann had copies like this and had had them bound"*. In accordance with this remark, no metronome marks are to be found in the first edition (Deutsche Staatsbibliothek Berlin, Mus. 18227). Originating from the first owner of this volume are entries relating to the date of appearance (March 1839); also a list of sources of reviews, criticisms, etc., and above all, a remarkable note on the first page of music-type: *"Not only are the metronome markings of 'Scenes of Childhood' not by Schumann himself, but they are made in general without his knowledge, without his being consulted, and are added to a later proof (impression) of the work, from which I have copied them myself. I learned this from the music-seller Friedrich Whistling of Leipzig, who had it from Schumann himself, whom he had visited."* The fact remains, however, that the later printing just mentioned underwent important musical improvements, so that the metronome markings therein must anyhow have had Schumann's tacit agreement, provided that, contrary to

Whistling's verdict, they were not affixed by the composer himself at the publisher's request. The tempi, which in general seem to us to be too fast, do not make such an astonishing effect if the pieces are played on a historic instrument, and they can also be regarded as legitimate material for concert performance on the modern grand piano if played in the manner sketched above. The present edition adopts the metronome indications of the revised edition of op. 15. In the *Album for the Young*, the sporadic markings seem to be more accurately placed and less open to criticism.

General Remarks

The present edition of op. 68 and op. 15 sets out from the assumption that a conscious and creative familiarity with Schumann's music is possible only on the basis of the original text. Schumann's clear and distinct way of writing assists the process of artistic elucidation. For this reason, additions by the editor are dispensed with as a general principle. If in isolated cases they seem absolutely necessary, they are distinguished by being put in brackets: supplementary phrasing marks are in dotted lines. Slurs and joined notes are taken over literally, but

by contrast, dynamic indications are placed between the staves, even if in the primary source they appear simultaneously in both staves. An exception is made in the case of the treatment of part-writing, when the dynamic signs are clearly defined above the respective staves. The division of the music between the two hands is retained, but exchanges are occasionally made between clefs and staves. The staccato vertical marks, already avoided by Clara Schumann, are retained as denoting a more pointed and striking manner of playing than does the staccato dot.

And here the editor would like to take the opportunity of thanking all those who by means of advice and items of information, and by making source material available, have lent their support to this work: Dr. Martin Schoppe, head of the Robert Schumann Haus, Zwickau and his colleagues, the Director of the Music Department of the Berlin State Library, Dr. Karl-Heinz Köhler and not least, the colleagues at the Leipzig Music Library. Especial thanks are due to Dr. Peter Hauschild of the publishing firm Edition Peters Leipzig, who by his active support and abundant experience materially promoted the carrying out of this project.

Leipzig, 1973   *Hans Joachim Köhler*

Notes

[1] *Festschrift Joseph Schmidt-Görg zum 60. Geburtstag*, edited by Dagmar Weise, Beethovenhaus Bonn, 1957.
[2] Facsimile Edition of the Sketchbook to the *Album for the Young*, edited by Lothar Windsperger, Schott, Mainz, 1924.
[3] Letter to C. Reinecke, 6 October 1848, in: Gustav Jansen, *Robert Schumanns Briefe*, Leipzig 1904, 2nd edition, p. 290–291.
[4] Rudolf Steglich, *Zwei Titelzeichnungen zu Robert Schumanns Jugendalbum als Interpretationsdokumente*, in: Deutsches Jahrbuch der Musikwissenschaft für 1959, Leipzig 1960.

[5] Berthold Litzmann, *Clara Schumann – Johannes Brahms, Briefe*, Leipzig 1927, Vol. II, pages 139 and 202.
[6] *Jugendbriefe von Robert Schumann*, edited by Clara Schumann, 4th edition, Leipzig 1910, p. 276.
[7] Litzmann, see above, Vol. II, p. 168.
[8] cf Werner Schwarz, *Robert Schumann und die Variation, unter besonderer Berücksichtigung der Klavierwerke*, Kassel, p. 72.
[9] cf Johann Nepomuk Hummel, *Ausführliche theoretisch-praktische Anweisung zum Pianoforte-Spiel*, Haslinger, 1828.
[10] cf the formulation of the principle of teaching by Friedrich Wieck in his book *Klavier und Gesang*, published in 1853, Leipzig
[11] Jansen, see above, p. 100.

POSTFACE

Album pour la jeunesse, op. 68

Malgré l'importance extraordinaire du jeu du piano pour la vie musicale au 19ᵉ siècle l'offre de musique facile pour piano faite par les compositeurs de l'époque en réponse aux exigences de l'éducation musicale, était, jugée spécialement du point de vue de qualité, fort limitée. C'était Schumann qui, d'une façon multiple, a réagi à cette situation. Au moyen de son propre travail en qualité de compositeur et d'écrivain il a inlassablement lutté contre la musique qui n'est que routine et virtuosité et qui manque de toute poésie; ses hautes prétentions vont jusqu'aux éditions d'étude en vogue à l'époque. L'intention assez tôt exprimée par le compositeur d'écrire une méthode de piano ne fut, il est vrai, jamais réalisée dans le sens propre du mot. Mais elle se manifeste continuellement dans l'intérêt qu'il prend à la littérature pédagogique de son temps, et qu'il témoigne dans de nombreux articles de sa *Neue Zeitschrift für Musik* sur les nouvelles éditions d'études. Ainsi Clara Schumann porte dans son journal intime à la date du 1ⁱᵉʳ septembre 1848: «*Les morceaux qu'en général les enfants apprennent dans leurs leçons de piano, sont tellement mauvais que Robert s'est fait l'idée de composer et de publier un cahier, sorte d'album ne contenant que des morceaux pour enfants.*» Sans doute, dans l'*Album pour la jeunesse, 10 Bagatelles*, op. 40 de Ludwig Berger, compositeur qu'il a beaucoup estimé, et dans les *Six morceaux pour piano*, op. 72 (1847) de Mendelssohn, Schumann a trouvé des modèles stimulants, mais néanmoins, du point de vue de carac-

tère et de diffusion, son opus 68 *Album pour la jeunesse* ne se compare à aucune œuvre similaire écrite par d'autres compositeurs. Et la sélection faite au cours de l'histoire n'a pas diminué l'importance de l'*Album pour la jeunesse*, mais l'a plutôt élevé sur les nombreuses œuvres qui l'ont suivi. Sa valeur ne repose pas seulement sur la présentation didactique d'éléments concernant la motivation, l'articulation et la technique, mais plutôt dans la subordination de ce qui s'apprend sous ce qu'il faut vivre et éprouver. L'originalité musicale et la substance émotive des morceaux n'ont pas, jusqu'à nos jours, perdu leur efficacité immédiate. Ainsi, avec les *Inventions et Symphonies* de Bach et le *Microcosme* de Béla Bartók, l'*Album pour la jeunesse* de Schumann compte parmi les performances maximales absolues de la musique éducative pour piano. Ces trois cycles sont non seulement le reflet de la pratique de la composition de l'époque, mais encore un témoignage de l'esprit large de leurs créateurs qui était assez vaste pour pouvoir se cristalliser valablement aussi sous forme de miniatures musicales.

Sur les sources. En 1954 la première version manuscrite de six morceaux de l'*Album pour la jeunesse*, rédigée par Schumann les 30 et 31 août 1848, fut découverte; elle devait être un cadeau à l'occasion du 1ⁱᵉʳ septembre, septième anniversaire de sa fille Marie. Le manuscrit décrit en détail par Dagmar Weise sous le titre *Ein bisher verschollenes Manuskript zu Schumanns «Album für die Jugend»* dans la *Festschrift Joseph Schmidt-Görg*[1], comprend les morceaux suivants:

1. *Schlafliedchen für Ludwig (Berceuse pour Ludwig)*, correspond à *Trällerliedchen (Chanson à fredonner)*
2. *Soldatenmarsch (Marche militaire)*
3. *Ein Choral (Choral)*
4. *Nach vollendeter Schularbeit zu spielen (A jouer après avoir fini les devoirs)*, correspond à *Stückchen (Petit morceau)*
5. *Ein Bärentanz (Danse d'ours)*, inédit, publié comme fasimilé dans la *Festschrift Schmidt-Görg*
6. *Liedchen eines armen Kindes (Chanson d'un pauvre enfant)* correspond à *Armes Waisenkind (Petit orphelin)*
7. *Jägerliedchen (Chanson de chasse)*
8. *Rebus (Rébus)*, inédit, voir 5,

en plus des morceaux de Bach, Händel, Mozart, Schubert et Beethoven.

Presque simultanément Schumann a commencé un calepin où il notait dans une abondance et un ordre qui troublent le lecteur, des thèmes, des morceaux accomplis d'autres compositeurs aussi, des compositions restées inédites, des titres et des remarques instructives[2]. A la page 1 il dénomme l'œuvre projetée *Weihnachtsalbum (Album de Noël)*, titre qui cependant, sur le conseil de l'éditeur, fut changé en *40 Klavierstücke für die Jugend (40 morceaux pour piano pour la jeunesse)*. Les morceaux suivants ne furent pas intercalés dans l'Album: *Gukkuk im Versteck (Coucou dans la cachette)*, *Lagune in Venedig (Lagune à Venise)*, *Haschemann (Colin-maillard)* (non identique à op. 15, no. 3), *Kleiner Walzer (Petite valse)*. Le calepin ne contient pas: *Jägerliedchen (Chanson de chasse)*, *Figurierter Choral (Choral figuré)*, *Schnitterliedchen (Chanson du moissonneur)*, *Weinlesezeit – Fröhliche Zeit (Les vendanges – joyeux temps)*, et le morceau sans titre N° 30. Tout d'abord les 31 aphorismes didactiques devaient être considérés comme des remarques sur les différents morceaux. Plus tard ils rentrent dans les *Musikalische Haus- und Lebensregeln (Règles musicales de ménage et de conduite)*, et ont paru pour la première fois dans l'appendice de la 2me édition d'op. 68.

C'est d'après le calepin que fut rédigé le manuscrit original qui se trouve à la Maison Robert Schumann à Zwickau et qui a été republié en 1956 comme fac-similé (Edition Peters Leipzig); à cause des remarques de la main de Schumann, il peut être considéré comme modèle de la gravure. Par conséquent l'achèvement rédactionnel semble être définitif, mais le nombre de passages biffés, de modifications et de corrections fait voir que Schumann s'est toujours occupé activement de la chose, et que cette occupation n'était même pas encore terminée après la parution de l'œuvre imprimée. Dans son commentaire l'éditeur Georg Eismann marque tous les détails importants. Ici il suffit de mentionner que dans plusieurs cas la main de Clara a été constatée, ainsi que celle du petit-fils de Schumann dans *Ländliches Lied (Air champêtre)* et *Ernteliedchen (Chanson de moisson)*. Le manuscrit autographe contient quelques morceaux inédits *Für ganz Kleine (Pour les tout petits)*, *Puppenschlafliedchen (Berceuse pour les poupées)*, *Auf der Gondel (Sur la gondole)*, *Gukkuk im Versteck (Coucou dans la cachette)* déjà connu comme faisant partie du calepin, ainsi que le *Trinklied (Chanson à boire)* tiré du *Freischütz* de C. M. von Weber.

Après le refus donné par la maison Breitkopf & Härtel, Schumann s'était adressé à l'éditeur leipzigois Julius Schuberth «*parce que cela presse et parce que je crois que, quand il veut, il arrive à ses fins. Je voudrais bien me porter garant du fait que, d'ailleurs, il n'en fera pas un mauvais marché; de toutes mes compositions celles-ci seront, je crois, les plus populaires*».[3] Quant à la réalisation de la page-titre, Schumann y a intéressé Ludwig Richter, l'un de ses amis qui s'est inspiré des thèmes du cours de l'année ébauché dans le cycle musical, et qui, tout comme le compositeur lui-même, les a réalisés sous forme de miniatures caractéristiques.

La première impression se trouve à la Maison Robert Schumann en trois exemplaires appartenant autrefois à la famille (N° de plaque 1232). Une comparaison entre le manuscrit autographe et la première impression montre que Schumann a apporté des modifications au plus tard lorsqu'il avait reçu les épreuves (voir Revisionsbericht). En outre, à côté d'additions faites au crayon rouge par une main inconnue et qui servent à des fins pratiques, l'un des exemplaires (Vol. 10 des premières impressions N° 4501) contient aussi des corrections faites par le maitre lui-même et qui concernent des fautes d'impression et avant tout l'articulation. C'est cet exemplaire qui, comme source primaire, a servi de base à la présente édition nouvelle.

Dans la première impression les morceaux ne sont pas numérotés. Aussi reste-t-il peu clair si Steglich a raison de dire que la deuxième édition de 1851 intitulée *Album für die Jugend, 43 Klavierstücke (Album pour la jeunesse, 43 morceaux pour piano)* compte les deux parties de *Winterzeit (En hiver)* comme deux morceaux séparés et comprend dans le compte «*les deux mouvements du choral que Schumann n'a pas comptés, n'étant pas des compositions de sa plume*»[4], ou si les morceaux sans titres (trois astérisques) sont à l'origine restés hors du dénombrement. Comme suit de l'édition d'op. 68 publiée par Clara Schumann en 1887, celle-ci a connu cet exemplaire. Pourtant quelques remarques faites au crayon lui ont échappé. Le cas échéant, elle coordonne l'articulation aux passages analogues. Le reproche toujours colporté et qui prétend que l'édition de l'*Album* que Clara Schumann a fait paraître laisse beaucoup à désirer en ce qui concerne la fidélité vis-à-vis de l'original, n'est pourtant justifié qu'en d'étroites limites. Brahms et Clara Schumann ayant déjà raison de critiquer la fidélité de maints éditeurs avant la parution de leur grande édition, les additions faites sans scrupules augmentent énormément dans les éditions ultérieures.

Scènes d'enfants op. 15

L'*Album* fait partie d'une période ultérieure dans l'œuvre de Schumann. Dans la lettre du 6 octobre 1848 adressée à C. Reinecke[5] il dit par rapport à ces morceaux: «*J'avais l'impression de recommencer à composer par le début. Et vous remarquerez ça et là un peu de mon humour de jadis. Ils se distinguent complètement des ‹Scènes d'enfants›. Ceux-ci sont des réflexions en arrière d'un homme âgé et pour les âgés, tandis que l'Album de Noël contient plutôt des réflexions en avant, des pressentiments, des circonstances futures pour les plus jeunes.*»

Si l'*Album* exprime la circonspection d'un homme d'âge mûr, la fantaisie de Robert Schumann encore jeune se dépense librement et sans bornes dans les *Scènes d'enfants*. Le caractère inimitable de ces morceaux est marqué par l'essence de l'improvisation, mais aussi par la capacité de retracer tout naturellement les expériences d'un enfant à qui le compositeur attribue «*une profondeur miraculeuse*».

Dans une lettre (mars 1838) à sa fiancée Schumann écrit sur les *Scènes d'enfants* composées pendant le voyage à Vienne au début de l'année 1838: «*Et pour que je n'oublie pas ce que j'ai encore composé – était-ce comme un écho à ce que tu m'as écrit une fois, ‹qu'il te semble quelque fois que je suis comme un enfant› – bref, je me sentais vraiment à l'âge fleuri, et alors j'ai écrit trente machins mignons dont j'ai choisi douze que j'ai intitulés Scènes d'enfants. Tu t'en réjouiras, mais à vrai dire, il te faudra oublier que tu es virtuose…*»[6]

Sur les sources. L'œuvre a paru en 1839 chez Breitkopf & Härtel. Conformément à op. 68 sa genèse peut être suivie d'après les premières impressions. Mais outre une copie du morceau N° 1 (Robert-Schumann Haus Zwickau, N° 3702) il n'existe pas de brouillons étendus, donc aucun manuscrit autographe complet. Les premières impressions (Deutsche Staatsbibliothek Berlin, Mus. 18227, et Robert-Schumann-Haus Zwickau, Vol. 3, N° 4501–A4–D avec titre manuscrit du compositeur) portent le même numéro de plaque (6016), la bordure bleue et un format uniforme. Malgré cela il existe des différences frappantes qui prouvent que l'exemplaire de Berlin est le plus vieux. Il n'a pas de chiffres de métronome (voir ci-dessous) et seulement des indications sporadiques concernant la pédale (voir Revisionsbericht). Des fautes d'impression évidentes ont déjà été corrigées dans la gravure de l'exemplaire de Zwickau. Dans l'édition à bordure verte et plus gracile parue vraisemblablement la même année op. 15 a subi une précision décisive. Malgré la gravure altérée cette édition a conservé le même numéro de plaque. Evidemment elle remplace celle qui l'a précédée et qui a été publiée pendant le séjour de Schumann à Vienne, donc sans influence immédiate de sa part (se reporter aux épreuves!). Néanmoins il existe aussi des différences remarquables entre l'exemplaire de Berlin (Ks 415) et celui de Zwickau qui lui correspond (1356 Di). La bordure verte de cette dernière impression est encore plus réprimée, son format est plus petit malgré la même gravure qui montre pourtant des détériorations, et le papier est d'une moindre qualité. C'est l'exemplaire de Berlin – celui de l'impression révisée – qui a servi de source à la nouvelle édition. Les dérogations peu importantes de l'édition de Clara Schumann (1880, RS 53) sont décrites dans le Revisionsbericht. Mais Clara Schumann s'en tient à la remarque de Brahms qui dit «que l'indication de la pédale et du métronome doit rester dans les ‹Scènes d'enfants»[7].

Variation et transformation des motifs

Après Beethoven le principe de la variation a été revalorisé par Schumann comme porteur d'une nouvelle tentative d'expression[8], et cela comme transformation d'idées, de thèmes et de motifs immanente à sa création et qui se manifeste dans les plus diverses formes et sur des plans différents, dans la réunion cyclique de nombre d'œuvres y compris l'*Album pour la jeunesse*, ainsi que dans la structure intérieure de ses compositions. C'est bien ainsi que p. ex. dans le *Chant guerrier* (N° 31) peu de motifs de base rythmiques ou mélodiques ou harmoniques dont le sens est un cri de ralliement, sont transformés continuellement et de façon que dans ce morceau de 55 mesures qui renonce à un motif contrasté, aucun groupe de deux mesures ne correspond littéralement à un autre.
Des différences dans le placement des liaisons et dans les barres dans des parties qui d'ailleurs sont identiques, semblent reposer non en dernier lieu sur ce principe transformateur de Schumann. Elles arrivent dans nombre de morceaux et s'expliquent en grande partie du point de vue de formation (voir p. ex. N°s 10, 11, 21, 22, 24, 34, 35, 37). Ce n'est qu'avec la plus grande précaution qu'il faut entreprendre un rajustement des liaisons d'articulation.

Technique du piano et articulation

Le style de Schumann se déploie en contact intense avec le piano et ses particularités quant à la technique du jeu et son timbre. Schumann n'a plus appris à connaître les innovations dans la construction du piano qui furent incitées par le jeu expansif de Liszt. Pour lui la manière légère du jeu des instruments de Vienne souvent en usage à cette époque-là, ou aussi – par opposition au piano à queue de nos jours – celle du jeu du piano à queue au mécanisme anglais qui s'est imposé en ce temps-là, le ton transparent, parfois presque atmosphérique, les possibilités encore entièrement inépuisées d'employer la pédale – tout cela avait un charme qui l'a inspiré à former de ces éléments un style du jeu du piano tout à fait nouveau. Sur

la base de la technique antérieure telle que p. ex. Hummel l'a encore représentée[9], il élargit beaucoup, peut-être sous l'influence de Friedrich Wieck[10], le domaine de la technique du poignet. Celle-ci s'accomplit par un mouvement de la main qui s'adapte à un groupe de sons marqué en général par Schumann d'une liaison et distingué ainsi du point de vue musical et de la pratique du jeu comme une unité. Dans ce sens l'étude de la préface de Schumann et de ses doigtés dans les *Etudes d'apres Paganini*, op. 3, est extrêmement instructive. C'est en cela qu'on peut d'ailleurs voir la seule référence de Schumann à la technique de son jeu. Sa composition pour piano tout en général apporte des références indirectes. Dans op. 3 il se voue à la tâche difficile d'élaborer une technique des doigts qui, tout en conduisant polymélodiquement plusieurs voix dans une main, permet de prêter à chacune son «coloris particulier». Mais la tendance fondamentale de jouer au commencement d'une liaison un léger accent qui est relié à la descente de la main, est notoire; au bout de la liaison se produit l'enlèvement de la main qui prépare en même temps un nouvel élan du poignet. Les notes qu'il faut jouer à l'intérieur d'une liaison correspondent à un toucher porté «d'élan et de douceur», donc à un legato des doigts qui est en relation organique avec le mouvement subordonné et glissant du poignet que Schumann semble entendre quand il parle de «flux et légèreté du tout». Dans les passages non munis de liaisons (p. ex. dans la partie moyenne de N° 39, ou dans des morceaux qui contiennent une figuration restant toujours la même) il suppose un élan intense des doigts. De telles parties sont relativement rares dans la musique de Schumann qui excelle dans l'art d'une articulation fine et multiforme. C'est pourquoi la suppression non préparée de la liaison dans les voix d'accompagnement et la rentrée du jeu actif de la main qui y correspond, comme p. ex. dans N° 35 (mouvements 12, 19, 20, 25, 28/29), mérite notre attention. Des phénomènes analogues arrivent dans les N°s 15, 21, 25, 27, 28, 29, 30, 32, 33, 35, 38, 39 partie moyenne, 40, 42; dans les *Scènes d'enfants* p. ex. dans N° 10. L'emploi un peu plus conscient des doigts isolément innervés produit d'un point de vue psychologique une sorte de retardation intérieure sans perte de tempo. Dans la plupart des pièces les liaisons indiquent les contours essentiels, cependant, les parties sans articulation e soumettent.
La présente édition adopte conséquemment l'articulation de Schumann puisque celle-ci se prouve être le médiateur du sens. Quant au barrement c'est pareil, parce que celui-ci indique également des groupes de sens et les rend manifestes. Mais pour l'exécution les barres ne sont pas aussi importantes que les liaisons. Ces dernières s'entendent comme des liaisons d'articulation. Les liaisons de phrasé bien connues vers la fin du 19e siècle et qui embrassent de larges espaces, sont encore rares chez Schumann. Les points d'arrêt et les liaisons d'articulation sont juxtaposés, donc ils se joignent de sorte qu'en lisant le texte on reconnaît dans le jeu constamment évoluant des motifs une sorte de file. Des indications venant de Schumann et concernant le doigté n'arrivent que très rarement. L'éditeur s'est appliqué à garantir la concordance des doigtés et des liaisons d'articulation.

Pédale et métronome

Tandis qu'en ce temps-là des maîtres de l'ancienne méthode voulaient limiter l'emploi évidemment assez déréglé de la pédale, Schumann dépasse leurs règles au moyen de modes de création originaires à l'aide de la pédale. La résonance relativement grande de l'instrument dans le forte (les signes de relâche de la pédale placés souvent chez Schumann devant l'altération de l'harmonie le prouvent), mais aussi la transparence de l'ancien piano à queue dans le piano, ont largement permis un emploi individuel de la pédale. Dans la première impression d'op. 15 on ne trouve pas encore des signes concernant la pédale (sauf à l'intérieur des morceaux 5, 7, 10, 12); l'édition à la colle se borne à donner une seule indication de pédale au commencement des morceaux (sauf dans les Nos 5, 7, 10, 12). Dans une lettre du 21 septembre 1837 à A. Henselt Schumann fait une remarque instructive: «...*moi aussi, je n'écris rien que ‹pédale› au commencement de mes compositions, à moins qu'il ne faille produire un effet tout nouveau là où l'accent doit tomber sur la seconde».*[11] A propos du 3me mouvement de caprice dans op. 3 Schumann parle d'un «*emploi sage de la pédale qui est affaire du joueur qui raisonne».* Dans op. 68, œuvre parue neuf ans plus tard, les indications de pédale sont plus différenciées et en même temps plus caractéristiques. Une grande partie des morceaux renonce, il est vrai, par principe à la pédale, mais en revanche Schumann l'a consciemment mise en jeu quand il a élaboré les Nos 7, 13, 14, 20, 22, 23, 26, 28, 29, 31, 33, 35, 38 et 42. La nouvelle édition adopte les indications de Schumann, les signes de relâche de la pédale étant déplacés, le cas échéant, jusqu'à l'altération de l'harmonie. Il est fait mention de tel et tel complément dans les Notes de l'éditeur. Mais pour ce qui est de l'adaptation à l'instrument respectif, la formule du «*joueur qui raisonne»* devrait être prise en considération de même que l'exigence de la faculté de s'imaginer un son coloré et lumineux.

Les sources jusqu'à présent publiées ne donnent aucune idée nette du rôle du métronome dans le travail de Schumann. Ce qui est intéressant c'est que Johannes Brahms a écrit dans une lettre à Clara Schumann, rédigée en avril 1879, c'est-à-dire au temps où les deux ont préparé la nouvelle édition de chez Breitkopf & Härtel: «*Informe donc aussi les Härtel que dans les ‹Scènes d'enfants› les indications de pédale et de métronome doivent rester. Dans le volume ci-annexé, en effet je vois que Schumann a possédé de tels exemplaires et qu'il les a fait relier.»* En conformité avec cette remarque il n'y a pas d'indications de métronome dans la première impression (Staatsbibliothek Berlin, Mus. 18227). Des inscriptions concernant la date de parution (mars 1839), des indications de sources concernant des comptes rendus, des critiques etc., et avant tout une notice intéressante en première page de la partition sont de la main du premier propriétaire de ce volume; cette dernière dit: «*il n'est pas seulement sûr que Schumann n'ait pas introduit l'emploi du métronome dans les ‹Scènes d'enfants›, mais de toute façon cela fut fait à son insu et sans le consulter, et a été ajouté à une impression ultérieure de l'œuvre sur laquelle je l'ai copié pour moi. Je tiens cela du marchand de partitions Friedrich Whistling de Leipzig qui vient de l'apprendre de Schumann lui-même à qui il a rendu visite.»* C'est pourtant un fait que la susdite impression ultérieure a subi d'importantes améliorations musicales de sorte

que les indications concernant le métronome qui s'y trouvent doivent toutefois avoir obtenu l'assentiment tacite de Schumann à moins qu'elles n'aient été fixées, contrairement à l'opinion traditionnelle de Whistling, par Schumann lui-même, et sur la demande de l'éditeur. Les tempi qui, en général, nous semblent être trop rapides, ne surprennent pas tant lorsque les morceaux sont joués sur un instrument historique, et, suivant le mode d'exécution susdit, ils peuvent être considérés comme règle pour le jeu sur un piano moderne. La nouvelle édition adopte les indications concernant le métronome telles qu'elles se trouvent dans l'édition révisée d'op. 15. Dans l'*Album* les indications de métronome sporadiques semblent être plus pertinentes et moins discutables.

Remarques générales

La nouvelle édition d'op. 68 et op. 15 repose sur la supposition qu'une familiarité consciente et créatrice avec les compositions pour piano de Schumann n'est possible qu'à la base du texte original. L'écriture claire et distincte de Schumann facilite le procédé d'une analyse artistique. Aussi l'éditeur a-t-il renoncé par principe à des additions; si dans des cas particuliers, elles semblaient être indispensables, elles furent caractérisées comme telles par des parenthèses. Des liaisons supplémentaires furent marquées de petites lignes. Les liaisons et les barres ont été adoptées textuellement, mais les signes dynamiques furent mis au milieu, même si, dans la source primaire, ils arrivent à la fois dans les deux portées, à l'exception du fait que la conduite des voix est précisée par des signes dynamiques dans ou sur les portées. La distribution de la musique aux deux mains fut conservée, mais ça et là un échange des clefs et des portées a été fait. Les signes de staccato que p. ex. Clara Schumann a déjà supprimés, restent pour indiquer un jeu aigu et marquant qui dépasse le staccato.

Enfin l'éditeur voudrait profiter de l'occasion pour remercier tous ceux qui, soit par des remarques, soit par des informations et par prêt des sources, ont contribué à cette publication, tels que M. le Dr Martin Schoppe, directeur du Robert-Schumann-Haus Zwickau et ses collaborateurs, M. le Dr Karl-Heinz Köhler, directeur du département musique de la Deutsche Staatsbibliothek à Berlin, et non en dernier lieu les employés de la Musikbibliothek de la ville de Leipzig. Je transmets mes remerciements particuliers à M. le Dr Peter Hauschild de la maison Edition Peters à Leipzig qui par ses activités d'éditeur et ses riches expériences a essentiellement fait progresser la réalisation de mon projet.

Leipzig, 1973   *Hans Joachim Köhler*

Annotations

[1] *Festschrift Joseph Schmidt-Görg zum 60. Geburtstag,* éditée par Dagmar Weise, Beethovenhaus, Bonn 1957.

[2] Edition en fac-similé du calepin de l'*Album für die Jugend* faite paraître par Lothar Windsperger, Schott, Mayence 1924.

[3] Lettre à C. Reinecke du 6 octobre 1848, voir Gustav Jansen, *Robert Schumanns Briefe,* Leipzig 1904, 2me édition, pp. 290–291.

[4] Rudolf Steglich, *Zwei Titelzeichnungen zu Robert Schumanns Jugendalbum als Interpretationsdokumente,* dans: Deutsches Jahrbuch der Musikwissenschaft für 1959, Leipzig 1960.

[5] Berthold Litzmann, *Clara Schumann - Johannes Brahms, Briefe,* Leipzig 1927, Vol. II, pp. 139 et 202.

[6] *Jugendbriefe von Robert Schumann,* éditées par Clara Schumann, 4me édition, Leipzig 1910, p. 276.

[7] Litzmann, voir ci-dessus, Vol. II, p. 169.

[8] Voir Werner Schwarz, *Robert Schumann und die Variation unter besonderer Berücksichtigung der Klavierwerke,* Kassel, p. 72.

[9] Voir Johann Nepomuk Hummel, *Ausführliche theoretisch-praktische Anweisung zum Pianoforte-Spiel,* Haslinger 1828.

[10] Voir la mise au écrit des principes didactiques par Friedrich Wieck dans son livre: *Klavier und Gesang,* Leipzig 1853.

[11] Jansen, voir ci-dessus, p. 100.

REVISIONSBERICHT

Album für die Jugend op. 68

Abkürzungen: KE = von Schumanns Hand korrigierter Erstdruck (Primärquelle), A = Autograph, AB = Autograph Bonn, Sk = Skizzenbuch, CS = Clara-Schumann-Ausgabe, NA = Neuausgabe, O. S. = Oberes Klaviersystem, U. S. = Unteres Klaviersystem

1 Melodie
T. 4 O. S.: A Viertelnote d′ auf 3. Viertel.
T. 7: Crescendo-Gabel in A erst ab 2. Viertel, bis T. 8, 3. Viertel.

2 Soldatenmarsch
In AB fehlt noch Anweisung *Munter und straff*; statt Achtelnoten und -pausen noch Viertelnoten.

3 Trällerliedchen
In Sk *Kinderstückchen*, in AB als Nr. 1 mit Titel *Schlafliedchen für Ludwig*.
T. 5 U. S.: CS Bogen wohl versehentlich nur bis letzte Note geführt, T. 6 ohne Bogen.
Notenschrift in A: Clara Schumann.

4 Ein Choral
Untertitel: *Freue dich, o meine Seele* erst in CS.
T. 19 O. S.: Bogen g′–fis′ und U. S. c′–d′ in A nicht vorhanden, CS setzt Bogen in U. S. auf e′–d′.
T. 25 und 29 O. S. und U. S.: A ohne Bögen.
Notenschrift in A: Clara Schumann

5 Stückchen
AB: *Nach vollbrachter Schularbeit zu spielen.*
T. 12: Crescendo-Gabel in A vom 2. Viertel bis T. 13, 1. Viertel; 2. bis 4. Viertel Decrescendo. Da Wiederholung in A nicht ausnotiert, Analogie in T. 20 und 21.
Notenschrift in A: Clara Schumann

6 Armes Waisenkind
Sk: *Bettlerkind*; AB: *Liedchen eines armen Kindes.*
T. 4 U. S.: A 2. Takthälfte, Sechzehntelfolge e′, d′, c′, h (ursprünglich an e′ angebunden), T. 16 wird sie von Schumanns Hand später gestrichen.
T. 5 O. S.: A kein Bogen zu letzten beiden Noten.
T. 21: A Wiederholung nicht ausnotiert. Daher Abweichung der dynamischen Zeichen in KE, T. 30–32. NA folgt KE.
Notenschrift in A: Clara Schumann.

7 Jägerliedchen
In Sk nicht enthalten; in AB als Nr. 8.
T. 13: KE setzt Pedal auf 1. Viertel, CS und NA Pedal auf letztes Achtel T. 12, analog T. 4 und 8.

8 Wilder Reiter
A: Titel *Schaukelpferdreiter* wieder gestrichen.

9 Volksliedchen
T. 13 O. S.: KE letzte 2 Achtelnoten ohne Staccato-Punkte. NA ergänzt diese analog T. 9 und CS (in A nicht ausnotierte Wiederholung).
T. 22 U. S.: NA ergänzt Bogen entsprechend KE, T. 18 bzw. 21.

10 Fröhlicher Landmann
T. 5: A, KE, CS f-Zeichen wohl wegen Zeilenwechsel versehentlich auf 1. Viertel gesetzt. In NA auf letztes Achtel, T. 4, vorgezogen, analog Auftakt zu T. 1, 11 und 17.
T. 10 O. S.: KE und CS Bogen nur bis f′. NA gleicht an A an (Bogen bis 2. Takthälfte g′).

11 Sizilianisch
Sk: *Zwei Sizilianische* vorgesehen.
T. 6 O. S.: A und CS Warnungsakzidenzien vor letzter Note.
T. 12 O. S.: A und KE Vorschlagnoten als Achtel, CS als Sechzehntel.
T. 18 O. S.: A undeutlich geführter Bogen über 2. Takthälfte, ohne Anschluß an gis′ des Folgetaktes.
T. 19 und 21 U. S.: CS Terz a–c′ statt c′–e′.
T. 26, 28, 30, 32, 34, 36 O. S. in A und T. 30, 32, 34, 36 in CS: Punkte unter dem auf letzter Note abschließenden Bogen fehlen. In KE hat Schumann handschriftlich ergänzt außer T. 30. In NA zugesetzt.

12 Knecht Ruprecht
Nicht in Sk enthalten.
T. 26: A dynamische Bezeichnung unter U. S.
T. 28 U. S.: A letzte Note d′.
T. 29: A Decrescendo-Zeichen von undeutlicher Länge, notiert bis Rand der vorhergehenden A-Seite, die mit T. 28 schließt.
T. 30: A dynamische Bezeichnung über O. S.
T. 39 O. S.: A letzte Achtel-Note mit Vorzeichen, evtl. als Auflösungszeichen lesbar.
T. 40 O. S. und U. S.: 2. Takthälfte in A keine Pausen.
T. 46: A dynamische Zeichen in Mitte und unter U. S., bei CS in Mitte. NA folgt KE.

13 Mai, lieber Mai, bald bist du wieder da!
Sk: *Mai, schöner Mai, bald bist du da!*
T. 1, 3, 11, 13, 25, 27, 41, 43 O. S.: A Bogen über 3 letzten Noten. Noch keine Bögen stehen zu letzten beiden Sechzehnteln O. S. T. 6, 16, 18, 28, 30, 35, 36, 44, 46, 51, auf ersten beiden Sechzehnteln der Mittelstimme in O. S. T. 35 und 51, auf je 2 Sechzehntel der 1. Takthälfte in Mittelstimme O. S. T. 36 und 52; desgleichen enthalten T. 9 und 19 keine Bögen im O. S.; T. 23 und 39 O. S. Bogen ab 2. Note geführt, die als d′′′ erscheint, bis zum Taktende, evtl. lesbar bis zur 1. Note des folgenden Taktes.
CS weicht von A und KE ab T. 8 O. S. und T. 30, 46 U. S.: beide letzten Noten mit Bogen, ohne Punkte; Bögen entfallen T. 36 O. S., T. 9 und 19 U. S. letzte beiden Noten; T. 35 und 51 O. S. auf je 2 Noten der 2. Takthälfte; T. 21 und 37 U. S. letzte Achtelnote bis T. 22 bzw. 38, 3. Achtelnote. T. 6, 16, 29, 45 U. S.: entfallen Portato-Punkte zu letzten beiden Noten.

Clara Schumann hat handschriftliche Korrekturen Schumanns in U. S. des KE übersehen.

14 Kleine Studie
T. 3, 19: A ohne Pedal.
T. 41, 43 und 63 U. S.: Varianten aus A und KE.
T. 48 O. S. und U. S.: A, KE und CS ohne Punkte nach Viertelnoten.
T. 51: In KE keine Pedalisierung, NA ergänzt entsprechend T. 3 und 19.

15 Frühlingsgesang
T. 6, 14, 30 U. S.: A Bogen von 2. bis 4. Achtelwert.
T. 16: A und CS ohne Decrescendo-Zeichen 2. Takthälfte.
T. 21, 37 O. S.: A, KE und CS setzen Staccato-Punkte auf 3. Achtelwert, in NA weggelassen, da 3. zu 4. Achtelwert gebunden.

16 Erster Verlust
Sk: *Kinderunglück*
T. 21 bis 25 O. S.: A Bogen bis T. 25, U. S., der nur halbe Note g′ enthält.
T. 28 O. S. und T. 29 O. S. und U. S.: Letztes Achtel A und CS Staccato-Punkte, KE und NA ersetzen durch Keile.
T. 30: In A Decrescendo-Zeichen von 2. bis 4. Achtel.

17 Kleiner Morgenwanderer
T. 5 O. S.: In A fehlt Bogen zu punktierter Notengruppe.
T. 8 O. S.: A und KE letzter Achtelwert:
T. 11 O. S.: In A punktierte Notengruppe ohne Bogen.
T. 24: A Hinweis *Immer schwächer* über O. S.

18 Schnitterliedchen
Nicht in Sk enthalten.
T. 6, 8, 22, 26 O. S.: In A Bogen bis letzte Note geführt; ebenso in CS, außer T. 8: Bogen bis a′ und T. 26: Bogen bis c″. NA gleicht an A an (T. 8 und 26 orthographische Korrektur). KE führt Bogen uneinheitlich: T. 6 bis g′, T. 8 bis c″, T. 22 bis f″ und T. 26 bis c″
In A ab T. 21 Clara Schumanns Notenschrift.

19 Kleine Romanze
T. 1–3, 5–7, 12–13, 18–19 U. S.: In A fehlen sämtliche Bögen.
T. 13 und 19 O. S.: In A entfällt Bogen in punktierter Gruppe, Punkte auf 6. und 8. Achtel in A zugesetzt.
T. 14, 20 U. S.: In A Bogen lediglich zwischen gis und a.

20 Ländliches Lied
T. 17 U. S.: In A erscheint Terz cis′–e′ auf 2. Achtelwert als Viertel.
T. 17, 21 U. S.: A ohne e′ auf letztem Achtel.
T. 18 U. S.: A ohne Staccati zu Unterstimme.
T. 19 O. S.: 2.–4. Achtel in CS mit Bogen.

In NA wird Pedalaufhebung um ein Achtel vorgezogen in T. 1, 9, 29, 33. Notenschrift von Schumanns Enkel Ferdinand.

21 * * *

T. 1 O. S.: In A erscheint letzte Note der Mittelstimme als Viertel f'.
T. 5 U. S.: In A kein Bogen.
T. 7 O. S.: In A noch *ritard.* statt *Langsamer* über O. S.
T. 8: Auftakt zu T. 9 in A ohne Crescendo-Zeichen.
T. 11: 2. Takthälfte in A mit Crescendo-Gabel.
T. 11 O. S.: In A Bogen von letztem Achtel bis T. 13, letztes Achtel.
T. 12 U. S.: In A letzter Viertelnote f-Zeichen beigeordnet.
T. 14 U. S.: In A Bogen von letztem Viertel bis letzte Note T. 15, evtl. bis 1. Note T. 16.
T. 16 O. S. und U. S.: In CS Bogen von 3. bis 4. Viertel der Mittelstimmen

22 Rundgesang

T. 29–31: Text in A entspricht T. 5–7.
T. 32 O. S.: Text in A entspricht T. 16.
T. 32 O. S.: In CS fis' nur nach oben gestrichen, in KE handschriftlich zugefügter Hals nach unten.
U. S.: In CS zusätzlich Viertelnote e in 2. Takthälfte (Clara übersah Schumanns Korrektur in KE).

23 Reiterstück

T. 1 ff: In CS konsequent Staccato-Punkte statt Keile.
T. 10 O. S.: In CS fehlt Marcato-Zeichen auf 1. der beiden Sechzehntel.
T. 15 O. S.: In A kein Bogen zwischen fis' und g".
O. S.: In A und CS Bogen von punktierter Note a' zur folgenden;
O. S.: In KE Bogen und Achtel a' in zweiter Takthälfte gestrichen. NA gleicht an KE an.
T. 24 O. S.: In A fehlt Note a.
T. 28 O. S.: Auf 1. Viertelnote Keil in A.
T. 40, 44 O. S.: A kein Bogen bis 2. Takthälfte T. 41 bzw. 45.
T. 50: A noch kein Decrescendo-Zeichen.
T. 52 U. S.: A kein Bogen auf letzte beiden Noten.
T. 54 U. S.: A 1. Note ohne Keil.

24 Ernteliedchen

T. 1 U. S.: In A Bogen bis T. 3, 3. Achtelwert.
T. 8 U. S.: In KE fehlt Punkt nach e. NA gleicht an A und CS an.
T. 10 U. S.: In A fehlt Staccato-Punkt auf Terz gis–h.
T. 11 U. S.: In CS entfällt Bogen a–cis .
T. 12 O. S.: In NA Stimmführung orthographisch verdeutlicht.
T. 14 O. S.: In A besitzt Achtelnote fis" der Mittelstimme Staccato-Punkt.
T. 17 O. S.: A Bogen von cis" bis Folgetakt h' statt e'.
T. 23 U. S.: A Bogen von letzter Achtelnote bis Terz h–d' in Folgetakt (statt Terz cis'–e').
In A Notenschrift Ferdinands.

25 Nachklänge aus dem Theater

T. 3 O. S.: A und KE kein Bogen über den ersten beiden Sechzehnteln der 2. Takthälfte. CS und NA ergänzen analog T. 28.
T. 4, 27 O. S.: Sechzehntelnoten ohne Bogen in A.
T. 6 O. S.: A und CS erste beiden Sechzehntel beider Takthälften ohne Bogen. NA entspricht handschriftlicher Korrektur Schumanns in KE.
T. 16, 18 O. S.: In CS Noten e' und e" bzw. c' und c" (2. Achtelwert) in umgekehrter Richtung gestielt.
T. 18 O. S.: NA ergänzt Bogen von c" (2. Achtelwert) bis T. 20 a (1. Achtelwert) entsprechend T. 16–18.

26 * * *

T. 16 O. S.: In KE punktierte Gruppe ohne Bogen. CS und NA gleichen an T. 17 an.

27 Kanonisches Liedchen

A Überschrift: *Nicht schnell und mit hübschem Ausdruck.*
T. 3: A Decrescendo-Zeichen 1. Takthälfte. NA gleicht an.
T. 3/4 U. S.: A kein Bogen.
T. 10 U. S.: A cis'–a ohne Bogen.
T. 11 O. S.: A cis"–a' ohne Bogen.

T. 12 O. S.: A 1. Takthälfte ohne Bogen; U. S.: Mittelstimme lautet wohl versehentlich d', d', cis' statt e', d', cis'.
T. 15 O. S.: Bogen von letzter Note d" in A bis T. 17 fis" (statt cis") geführt.
T. 18/19 U. S.: A kein Haltebogen h–h, da in T. 19 kein h vorhanden.
T. 19 in A in folgender Fassung:

T. 23 U. S.: In A ist Bogen von c bis T. 25, e. geführt.
T. 26 O. S.: In KE fehlt Bogen von letzter Note a' bis T. 27, c". NA ergänzt nach A.
T. 31 O. S.: Bogen fehlt in A.
T. 35 O. S.: A 2. Achtelwert zusätzlich d'.
U. S.: A Bogen erst ab gis.
T. 36 O. S.: A ohne Bogen.

28 Erinnerung

In Sk *Erinnerung an Felix Mendelssohn Bartholdy.*
T. 8 O. S.: A Mittelstimme ohne Bogen.
U. S.: In A letzter Note der Mittelstimme noch gis hinzugefügt.
T. 12 O. S.: In A und CS erscheint die Quarte fis'–h' als Viertelwert. Schumann korrigiert in KE in Achtelnote und -pause.
T. 16 U. S.: CS Bogen bis h.
T. 17 U. S.: CS kein Bogen.
T. 19 O. S. und U. S.: A keine Bögen.

29 Fremder Mann

T. 6 U. S.: CS Marcato-Zeichen über 1. Note. Crescendo-Zeichen beginnt 2. Takthälfte, wird bis Oktave gis des folgenden Taktes geführt. NA übernimmt.
T. 6, 7 U. S.: Crescendo-Gabel in A und KE nur bis Ende Takte 6. NA verlängert analog T. 61 und CS.
T. 16 und 70: Crescendo-Zeichen endet in CS am Taktstrich.
T. 47: A Decrescendo-Zeichen über ganzen Takt.
T. 50: A Crescendo-Zeichen von Taktbeginn bis Taktmitte 51.
1. Takt der prima volta (nach T. 54) in CS auf 2. Takthälfte kein f'.

30 * * *

In Sk nicht enthalten.
A, U. S.: Baßstimme ohne Bindung zu T. 1, 2, 5, 6, 9, 10, 13, 14, 21, 22, 25, 26, 29, 30, 37, 38, 41, 42, 45, 46.
A, O. S. und U. S.: Bögen in den Mittelstimmen entfallen in T. 20: g' bis g; T. 21 as bis T. 22, 2. Viertelnote e; T. 22 des' bis e (T. 32 bis 38 in A nicht ausgeschriebene Wiederholung).
T. 24, 40 U. S.: Keine Bögen zwischen 3. und 4. Viertelwert.
T. 30 bis 32, bzw. 46 bis 48 in A haben folgende Gestalt:

In CS, U. S., T. 1, 5, 9, 13, 24, 28, 40 Verzicht auf Auftaktbindung zu 1. Viertel der jeweils folgenden Takte.
T. 21, 22 und 37, 38 U. S.: Die Divergenz in der Bogensetzung der Mittelstimme gemäß KE. A ohne Bogen bei nicht ausnotierter Wiederholung.
T. 24 O. S.: In CS und NA Ergänzung des Bogens über der punktierten Notengruppe analog den Parallelstellen.
T. 28 U. S.: KE fehlt Bogen ab letzter Note der Baßstimme. NA ergänzt analog KE T. 44.
T. 35: In KE keine p-Angabe. NA schließt sich an A und CS an.
Notenschrift in A: Clara Schumann.

In CS, U. S., T. 1, 5, 9, 13, 24, 28, 40 Verzicht auf Auftaktbindung zu 1. Viertel der jeweils folgenden Takte.

T. 21, 22 und 37, 38 U. S.: Die Divergenz in der Bogensetzung der Mittelstimme gemäß KE. A ohne Bogen bei nicht ausnotierter Wiederholung.

T. 24 O. S.: In CS und NA Ergänzung des Bogens über der punktierten Notengruppe analog den Parallelstellen.

T. 28 U. S.: KE fehlt Bogen ab letzter Note der Baßstimme. NA ergänzt analog KE T. 44.

T. 35: In KE keine p-Angabe. NA schließt sich an A und CS an.

Notenschrift in A: Clara Schumann.

31 Kriegslied

T. 11 O. S. und U. S.: In A fehlen Kreuze vor g, wohl versehentlich.

T. 24, 26, 46: A ohne Crescendo-Zeichen.

T. 30 O. S.: A ohne Bogen e"–d".
U. S.: A und CS ohne Bogen e'–d'.

T. 35 O. S.: A ohne Bogen d"–a'.

T. 36: Zu Viertelnote d tritt in A nur a, in CS fis und a, in KE und NA nur fis.

T. 44 O. S.: In A undeutliche Führung der Mittelstimmen.

T. 45: A 2. Takthälfte:

T. 48 O. S.: In A, KE und CS Noten d" und fis" als Achtel nach oben halsiert, mit zwei folgenden Achtelpausen. NA gleicht an U. S. an.

32 Scheherazade

T. 8 O. S.: A ohne Bogen.

T. 13, 14, 32; 33 O. S.: A ohne Bogen und Punkte.

T. 19, 38 O. S.: Bogen von Taktanfang bis Ende des Folgetaktes.

T. 20 U. S.: In A Bogen wohl wegen Zeilenwechsel Ende T. 20 abgebrochen.

T. 24 und 43: In A keine Bögen in Mittelstimme.

33 „Weinlesezeit – Fröhliche Zeit!"

Nicht in Sk enthalten.

T. 1 O. S. und U. S.: In A 1. Note vermutlich mit Keil bezeichnet.

T. 7, 15, 19, 20, 33 O. S.: In A, KE, CS keine an den Triller anschließenden Vorschlagnoten. NA ergänzt analog T. 34.

T. 8, 9 O. S. und U. S.: A ohne Staccato-Punkte.

T. 16 U. S.: A Terz h–dis' ohne Staccato-Punkt, H mit Keil.

T. 17 O. S. und U. S.: CS 1. Note mit Staccato-Punkt statt Keil.

T. 21 O. S.: A Bogen von cis' bis T. 20, e".

T. 29 O. S. und U. S.: A 1. Note mit Keil.

T. 30 O. S.: CS ohne Akzent.

T. 36 (Seconda volta): In CS fehlt Pedalaufhebung.

T. 37 O. S.: In A Bogen bis T. 38, a", geführt.

T. 52 O. S. und U. S.: In A 1. Note ohne Staccato-Punkte.

34 Thema

Keine Bögen: T. 8 O. S. CS über punktierter Gruppe g'–d'; T. 9 O. S. A zwischen ersten beiden Noten; T. 10 O. S. A über punktierter Gruppe a'–dis'; T. 11 O. S. A zwischen dis' und e', U. S. A über punktierter Gruppe; T. 13 O. S. A zwischen d" und dis", U. S. A über punktierter Gruppe c–e'; T. 14 O. S. A in Mittelstimme, U. S. A zwischen dis' und e'; T. 19 U. S. in A und KE zu H; T. 20 O. S. A in Mittelstimme.

T. 12 O. S.: A führt Bogen von d" bis dis".

T. 18: In KE entfällt p-Angabe. NA ergänzt analog A und CS.

T. 20 O. S.: In A verläuft Bogen von d" bis c".

35 Mignon

In Sk ursprünglich Seiltänzermädchen.

T. 7 O. S.: A 1. Note b.

T. 9 O. S.: A Bogen zu Mittelstimme von es' bis letzte Note.

T. 12, 14, 16, 21, 24, 26, 27, 2. Takt der prima volta, T. 30 O. S.: Keine Bögen zu Mittelstimme.

T. 16: NA setzt Pedalaufhebungszeichen ein.

T. 20: NA paßt Pedalangaben an Unterbrechung der Melodieführung durch Viertelpause an.

T. 24 U. S.: In A letzte Note ausgewischt, sehr wahrscheinlich es'; evtl. als c' verständlich; KE und CS drucken c', Schumanns handschriftliche Korrektur in KE vermerkt ausdrücklich es'; NA übernimmt es'.

36 Lied italienischer Marinari

Sk: Schifferlied bzw. italienisches Fischerlied.

T. 4 O. S.: KE Warnungsakzidenz vor es'.

T. 10 und 1. Takt der prima volta, O. S. und U. S.: In CS Staccato-Punkte auf d" bzw. D.

T. 13: CS Crescendo verlängert bis Taktende.

T. 28 O. S. und U. S.: In A g" bzw. G ohne Keile, CS mit Staccato-Punkten. Zusatz in NA analog T. 10: p-Angabe auf letztem Achtelwert.

T. 42 und 44 O. S.: Akzente auf c" fehlen in CS.

T. 46 O. S. und U.S.: g" bzw. G mit Staccato-Punkt in CS.

37 Matrosenlied

A Zusatz: Antwort auf das vorige.

T. 10, 11: NA ergänzt Staccato-Punkte zu allen vier Stimmen auf letztes Viertel, desgl. an allen Parallelstellen.

T. 11 U. S.: Bogen zwischen es und c fehlt in A und CS, desgl. T. 19 U. S. in A. NA ergänzt analog T. 10.

T. 27 O. S. und U. S.: In KE Bogen wohl versehentlich erst ab 1. Viertel. NA ändert entsprechend A und CS bzw. Parallelstellen.

T. 33 O. S.: In NA Bogen über Taktstrich analog T. 37–38 ergänzt.
U. S.: Bogen über 3. und 4. Achtel in CS nicht vorhanden.

T. 37 O. S. und U.S.: In KE und CS Bogen von 2. zu 3. Viertelwert. NA gleicht an A bzw. T. 33 an.

T. 40, 41, 45 O. S.: A noch ohne Bögen in punktierter Gruppe.

T. 54, 55 O. S.: A und CS ohne Pralltriller über 1. Oberstimmennote, in KE von Schumann nachträglich eingetragen.

T. 55: A, KE und CS ohne f-Zeichen. NA ergänzt analog den Parallelstellen.

38 Winterszeit I

T. 2, 3, 6, 7 U. S.: A ohne Bogen in Notengruppe 2. Takthälfte.

T. 4, 8 O. S.: A Mittelstimme ohne Bogen.

T. 9 O. S.: In KE am Taktanfang eine überflüssige Achtelpause.
O. S.: A ohne Bogen zu Oberstimme 1. Takthälfte.

T. 10 O. S.: A Oberstimme ohne Bogen. Mittelstimme dagegen Bogen von 2. bis 5. Achtelwert.

T. 13 O. S.: A ohne Bogen auf Notengruppe in 2. Takthälfte.

T. 14 O. S.: A ohne Bogen zu Oberstimme der 1. Takthälfte.
O. S.: NA ergänzt Bogen über Tonfolge des', c', b" entsprechend der durchgehend artikulierten Oberstimmenführung.

39 Winterszeit II

Taktangabe in A, CS ist C, in KE handschriftlich auf $^2/_4$ geändert.

T. 6 U. S.: In CS Bindung ab g nicht vorhanden, wohl aber Anschlußbogen T. 7 (Zeilenwechsel in CS).

T. 9 O. S.: In A vor Taktstrich zu T. 10 überflüssige Viertelnote, als d oder es lesbar.

T. 11, 43 U. S.: NA nimmt stimmendifferenzierende Korrektur vor.

T. 24 U. S.: Achtelpause unter Note b in KE.

T. 36: NA zieht p-Angabe auf letzte Sechzehntelnote vor, analog T. 34/35.

T. 39 U. S.: A Unterstimme ohne Bogen vom as' zum Folgetakt.

Prima volta U. S.: A ohne Bogen von 2. zu 3. Achtelwert.

T..40 und prima volta O. S.: A ohne Bogen.
U. S.: A und CS ohne Bogen zu 2. und 3. Achtelwert.

T. 43: CS ohne Crescendo-Zeichen.

T. 44: NA ergänzt Crescendo-Zeichen entsprechend T. 12.

T. 52 O. S.: In A und CS beginnt Bogen letzte Note und reicht bis T. 54, 1. Note.

T. 63 O. S.: CS Staccato-Punkt statt Keil.

T. 73: NA ersetzt Angabe Verschiebung durch u. c. (una corda).

40 Kleine Fuge

Vorspiel

T. 6 O. S.: A und CS ohne Bogen zu Mittelstimme.
O. S.: In A wird der T. 4 begonnene Bogen wohl versehentlich beim Zeilenwechsel nicht weitergeführt.
O. S.: Der mit letztem Sechzehntel beginnende Bogen in A noch nicht vorhanden.

T. 8 und prima volta O. S.: Bogen zu Mittelstimme fehlt in A. In KE entfällt der auf letztem Sechzehntel beginnende Bogenansatz (Zeilenwechsel). NA ergänzt sinngemäß.

T. 14 O. S.: A Bogen lediglich über Gruppe gis', cis", cis'.
O. S.: CS Bogen von 1. Note bis T. 15, 1. Note.

T. 16 O. S.: A noch ohne den mit letzter Note beginnenden Bogen.

T. 18 U. S.: CS Bogen nur bis vorletzte Note.

T. 19 U. S.: Bogen über beiden Notengruppen fis–g fehlt in A.

T. 21 O. S. und U. S.: A Bogen von 1. Note bis a bzw. A in T. 22 bzw. prima volta.

T 22 U. S.: A wohl versehentlich ohne Bogen.

Fuge

In A fehlen folgende Staccato-Punkte:

T. 8 U. S.: a; T. 16 O. S.: 4. Achtelwert a′; T. 23: 1. Note der Oberstimme, 1. Note der Unterstimme, gis der Mittelstimme; T. 25 U. S.: letzte Note der Mittelstimme; T. 34 bis 36: Oberstimme außer T. 36, gis′; T. 38: 2 letzte Noten der Unterstimme.

Zusätzlich erscheinen in A:

T. 13 U. S.: Keile
T. 14 U. S.: 1. Note der Unterstimme Keile.
T. 26 U. S.: Letzte vier Noten der Mittelstimme Staccato-Punkte.
T. 36 O. S.: 1. Note der Mittelstimme Staccato.
T. 48 U. S.: ab 2. Note und
T. 49 U. S.: 1. Note der Unterstimme Staccato-Punkt.

In CS sind alle thematisch gebundenen Noten und alle laufenden Achtel mit Staccato-Zeichen versehen, außer:

T. 5: letzte beiden Noten der Mittelstimme; T. 15: 1. Note der Mittelstimme; T. 24 U. S.: letzte Note der Mittelstimme; T. 25 U. S.: 1. Note der Mittelstimme; T. 26 U. S.: Note d′; T. 44 U. S.: letzte 4 Noten; T. 48 U. S.: Alle Noten beider Stimmen.

41 *Nordisches Lied*

T. 9 O. S.: In A d-Moll-Akkord zusätzlich a′.
T. 10 O. S.: A ohne Haltebogen d′–d′.
T. 13/14 entsprechen in A T. 5/6.
T. 17: A 2. Viertel wie 2. Viertel T. 1.
T. 18 O. S.: A ohne Bogen.
    U. S.: CS Bogen über punktierter Gruppe.

42 *Figurierter Choral*

In Sk nicht enthalten.
O. S.: A ohne mehrtaktige Bögen.
T. 8 und 12 O. S.: A Mittelstimme ohne Bogen.
T. 9–11 O. S.: KE Bogen nur bis letzte Note T. 11. NA gleicht an vorhergehende Viertaktgruppe an.
T. 19 O. S.: In A Mittelstimme ursprünglich Notenfolge f′, e′, d′, Bogen zu d′, d′, c′, b. Korrektur durch Schumann in A legt fest: cis′, d′, f′, e′, d′, c′, b. In KE erscheint cis′, d′, f′, g′, d′, c′, b. Darüber korrigiert Schumann: f′, e′, d′ (= 1. Fassung in A), Achtelpause, d′, d′, c′ (diese Korrektur tritt in Widerspruch zur Führung der Mittelstimme in U. S.). NA gleicht an Kompromißlösung in CS an: f′, e′, d′, Bogen zu d′, d′, c′, b.
T. 20: Statt O. S. erste Noten a, c′, f′, a′ der Mittelstimme erscheinen in U. S. F, A, c, e.

43 *Silvesterlied*

Titel in A: *Zum Beschluß*, in Sk: *Zum Schluß*.

T. 10/11 U. S.: A ohne Legato-Bogen.
T. 12 U. S.: A ohne Bogen zu Notenfolge c′, h, a, dafür erscheint Bogen zu e′, d′.
Prima volta: Bogenbeginn auf letztem Achtel in NA ergänzt, analog CS U. S.

German Directions of Tempo and Execution

Marques allemandes de mouvement et d'interprétation

Ein wenig langsamer	A little slower	Un peu plus lent
Erstes Tempo	Original speed	Premier tempo
Etwas agitiert	Somewhat agitated	Un peu agité
Etwas langsamer	Rather slower	Un peu plus lent
Frisch und fröhlich	Fresh and cheerful	Plein d'entrain et gai
Frisch und kräftig	Fresh and vigorous	Plein d'entrain et énergique
Frisch und munter	Fresh and brisk	Plein d'entrain
Im klagenden Ton	In plaintive fashion	Plaintif
Im mäßigen Tempo	At moderate speed	Modéré
Im Tempo	At speed (a tempo)	En vitesse
Im Volkston	In folksong style	Sur un ton d'air populaire
Immer schwächer	Continually fainter	De plus en plus faible
Innig zu spielen	To be played intimately	A jouer avec dévouement
Kurz und bestimmt	Short and decisive	Bref et résolu
Langsam	Slowly	Lent
Langsam, mit inniger Empfindung	Slowly, with intimate feeling	Lent, avec dévouement
Langsam und mit Ausdruck zu spielen	To be played slowly and with expression	A jouer lentement et avec expression
Langsam, zart	Slow, delicate	Lent, tendre
Langsamer	More slowly	Plus lent
Lebhaft, doch nicht zu schnell	Lively but not too fast	Vif, mais pas trop rapide
Leise und sehr egal zu spielen	To be played gently and uniformly	A jouer doucement et avec régularité
Lustig	Cheerful	Gai
Mäßig. Sehr gebunden zu spielen	Moderate. To be played very smoothly	Modéré. A jouer d'une manière liée
Mit fröhlichem Ausdruck	With cheerful expression	Avec entrain
Munter	Brisk	Vif
Munter und straff	Brisk and firm	Vif et résolu
Nach und nach belebter	Gradually more lively	De plus en plus animé
Nach und nach langsamer	Gradually slower	De plus en plus lent
Nach und nach schwächer	Gradually fainter	De plus en plus faible
Nicht schnell	Not fast	Pas rapide
Nicht schnell, hübsch vorzutragen	Not fast, to be played pleasantly	Pas rapide, à jouer gentiment
Nicht schnell und mit innigem Ausdruck	Not fast and with intimate expression	Pas rapide et avec dévouement
Nicht schnell und sehr gesangvoll zu spielen	Not fast and to be played in extremely vocal style (cantabile)	Pas rapide et très chantant
Nicht sehr schnell	Not very fast	Pas très rapide
Schalkhaft	Slily	Espiègle
Schluß	End	Fin
Schnell	Fast	Rapide
Schwächer	Fainter	Plus faible
Sehr kräftig	Very vigorously	Très énergique
Sehr langsam	Very slowly	Très lent
Stark und kräftig zu spielen	To be played strongly and vigorously	A jouer fort et énergiquement
Von Anfang ohne Wiederholungen bis zum Schluß	From beginning to end without repeats	Sans répétitions du commencement à la fin
Vorspiel	Prelude	Prélude
Wie im Anfang	As at the beginning	Comme au début
Ziemlich langsam, leise	Fairly slowly, gently	Assez lent, faible

KLAVIERMUSIK ZU VIER HÄNDEN
MUSIC FOR PIANO DUET

Bitte fordern Sie den Katalog der Edition Peters an
For our free sales catalogue please contact your local music dealer

C. F. PETERS · FRANKFURT/M. · LEIPZIG · LONDON · NEW YORK
www.edition-peters.de · www.edition-peters.com

KLAVIERMUSIK RUSSISCHER UND OSTEUROPÄISCHER KOMPONISTEN
RUSSIAN AND EAST EUROPEAN PIANO MUSIC

Bitte fordern Sie den Katalog der Edition Peters an
For our free sales catalogue please contact your local music dealer

C. F. PETERS · FRANKFURT/M. · LEIPZIG · LONDON · NEW YORK

www.edition-peters.de · www.edition-peters.com

2401a